ヘトヘトでも「これなら作れる！」

一品入魂ごはん

橋本 彩

KADOKAWA

はじめに

夫婦のごはんから、
みんなで食べる"家族ごはん"へ

こんにちは。橋本彩です。

私は4歳と1歳の2児を育てながら、料理家として働いています。

我が家の食卓に並ぶ普段のごはんは、第2子を出産してから少し変わりました。2人の子どもたちと過ごしていると、とにかくごはんは**"手作りできたらいい方"で、今は献立にできずに一品だけ出すこともあります**。

時間をかけられないので、**大人用、子ども用と分けず、取り分けもしながら、みんなで同じものを"家族ごはん"として食べる**ことが多くなりました。

そして、夫も私も30代半ばになり、好きなものを飲んだり食べていた以前より、食事に気を遣うようになりました。子どもたちの世話も体力勝負で、簡単に風邪など引いている場合ではないので、油物を控えてたんぱく質と野菜を摂り、バテないようにお米もしっかり食べています。

それから、子どもたちは野菜が苦手。進んで食べてくれることはなかなかありません。でも免疫力を高めたり、成長に必要な栄養素は摂ってほしいので、苦みや食感がなるべく和らぐように工夫して食べさせています。

夫婦が以前より少しだけヘルシー志向になったことと、子どもに野菜を食べさせたい気持ちが合わさり、我が家の定番メニューが生まれています。

完璧を求めず、
オールインワン料理を一品作る

一品に、肉や魚、野菜も入れ込んで、それだけでそこそこ栄養が摂れる。ごはんと一緒に食べれば、**たんぱく質・野菜・糖質が摂れて「オールインワン」。そして家族が味にもボリュームにも満足してくれる料理。**それが私の「一品入魂ごはん」です。

一品作ってしまえば、「意外と時間があったな〜」という時にスープやおみそ汁を足したり（時にはインスタントだっていいと思います）、お皿に移すだけの冷奴やもずく酢を足したり、選択肢が広がります。**はじめから「いくつも作らなきゃ」と思うから、「時間がない！」と思ってしまう**私には、このスタイルがとても合っていました。

仕事や子育てなどに忙しくヘトヘトで、いつも夕方は思考停止。「何も思いつかない！」というピンチの時でも、「**これなら作れる**」と思える料理。そして、作る人がわくわくして料理のエンジンがかかるように（大事です）とページをめくるたびに「これ食べたい！」と思ってもらえる料理を目指しました。

実際に私がごはん作りをする際に、「**これなら作ろう！」と奮い立たせ、自分で自分を救ってきたレシピ**ばかりです。料理だけに集中できないけど、ササッと作って、心もお腹も満たされるおいしいものが食べたい時、食べてもらいたい時、この本があなたの日常を、おいしく救えるものでありますように。

＼ 家族も私も満足できる ／
「一品入魂ごはん」とは？

たった一品だけでも「今日はこれでいい！」と思えるには、
一品の中に肉や魚などのたんぱく質と何か野菜が入っていること。
家族も私もお腹と心が満たされるごはんのポイントを紹介します。

POINT 1 一品でオールインワン！ ごはんにかけても、添えてもOK

たんぱく質と野菜と
糖質が摂れる！

→ P12

とろみをつけると
食べやすくて
食が進む

→ P16

一品で栄養もお腹も満足の、丼にできるおか
ずメニューです。**時間をかけずにサクッと
作って食べたい時におすすめ。**
我が家でパパのいない日の晩ごはんは、丼ば
かり（笑）。もちろん、ごはんをガッツリ食
べたい夫も大満足のメニューたちです。フラ
イパンや鍋ひとつで一品作り、そこに肉や
魚・野菜も入っていれば、オールOK！
「疲れてるのに、よく頑張った〜」と自分を
褒めたくなるはずです。

疲れている時は、
野菜は1種類
だっていい

→ P28

POINT 2

ほったらかしでできちゃう
ほぼ放置メニュー

家事や育児の合間に作りやすい「ほぼ放置」でできるメニュー。
まとまった調理時間が取れなくても、漬け込んでおいたものをオーブンや、鍋、炊飯器に入れておくだけで、いつのまにか料理が完成しています。
放置している間に、勝手においしくなってくれるので、他のことを同時にこなしたい時におすすめ。

鍋

ほぼ鍋に入れるだけ

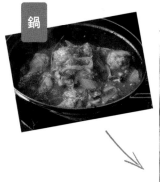

ほろほろに煮込むと、
子どもも食べやすい食感に

→ P38

炊飯器に入れるだけ

炊飯器

とろとろたまごをのせると
子どもが喜んで食べる

子ども用

オーブン

オーブンに入れるだけ

→ P59

→ P63

POINT 3

冷めてもおいしいから
時間差で食べられる！

片栗粉や卵をまとわせてお肉をしっとり焼いたり、調味料に漬けて味を含ませたりすることで、出来立てでも、冷めてもおいしく食べられるメニューです。

「夕方より、朝の方が時間がある」「今のうちに作っておこう」 など、手の空いたタイミングで調理したい時におすすめ。

帰りが遅い家族もおいしく食べられ、お弁当向きのレシピも豊富です。

味が染み込むから
冷めてもおいしい

→ P70

時間が経っても
お肉がしっとり

→ P86

お弁当のおかずに
おすすめのメニューも

→ P78

4 スープを添えると カンタン二品献立に

余力があれば作りたい、食物繊維やビタミン、ミネラルを補えるスープ。野菜はたっぷり入れ、カサを減らして柔らかく煮込むと、旨みが染み出てホッとするおいしさ。食事の水分量も補えて、家族の腸活にもおすすめ。

離乳食には、スープやみそ汁の味を濃くする前に取り分けて、ごはんにかけ、しらす、納豆、炒り卵などをプラス。

ビタミン、食物繊維、ミネラルをプラス

→ P94

離乳食アレンジもしやすい

→ P97（上）

5 野菜ごはんなら、 彩りと栄養がプラスできる

野菜ごはんにスープを添えると立派な一食になる

→ P96（下），P108（上）

ドリアのごはんにもピッタリ

→ P34（下），P108（下）

野菜をごはんと一緒に炊き込むことで、さりげなく栄養アップできます。
シンプルに炊くだけなのに、野菜の甘みや旨みがついて味わいもおいしい
し、色付きのごはんは白米よりも鮮やかでテンションが上がります。

目次

本書の見方

・小さじ１＝5cc、大さじ１＝15ccです。
・調味料は、特に記載がない場合、しょうゆは濃口、みそは合わせみそ、バターは有塩、だしはかつおだし、梅干しは塩分8％（赤しそ漬け）のもの、めんつゆは３倍濃縮のもの、にんにくとしょうがのすりおろしはチューブを使用しています。お使いのものに合わせて加減してください。米油はサラダ油などお好みのものを使用してください。
・野菜、きのこ、豆類、果物は、特に記載がない場合は、洗う、皮をむくなどの作業をすませてからの手順です。
・鶏肉は黄色い脂を取り除き筋を切るなど、えびやイカなどの魚介類は内臓をとるなどの下処理済みです。
・コンロの火加減は、特に記載がない場合、中火です。
・電子レンジは600Wのものです。機種や食材によって加熱時間が異なる場合がありますので様子をみながら加減してください。また加熱の際は付属の説明書に従って、耐熱の器やボウルを使用してください。

PART
1

ごはんにかけられる
15分以内でできるおかず

一品ごはんの定番、丼にもなるメニューです。
ごはんと一緒に食べれば、たんぱく質、野菜、糖質が摂れるおかず。
疲れた日の晩ごはんや休日のランチにもおすすめ。
15分以内でササッと作って、お腹も心も満たされます。

豆もやしの
みそクッパ

コクがあるのに後味スッキリ!
辛くないので家族みんなで
おいしく食べられます。

材料（3〜4人分）

豚バラ肉 … 150g（3cm幅に切る）

長ねぎ … 1/2本（斜め薄切り）

にんじん … 1/4本（40g／細切り）

豆もやし … 1袋（200g）

ニラ … 1/2束（3cm幅に切る）

卵 … 1個（溶きほぐす）

ごま油 … 小さじ2

A ┌ しょうゆ、みりん … 各大さじ1と1/2
　├ 砂糖 … 小さじ1
　└ にんにく（すりおろし）… 小さじ1/2

B ┌ 料理酒 … 50cc
　├ 水 … 900cc
　└ 鶏ガラスープの素 … 大さじ1

C ┌ みそ … 大さじ3
　└ 酢 … 小さじ1

塩、こしょう … 各少々

AYA'S POINT

● 豆もやしなら、緑豆もやしよりも旨みがあり、たんぱく質がしっかり摂れて栄養満点です。

● 大人は食べる時コチュジャンを加えて辛みをプラスしても◎。

● ごはんにかけるほか、うどんにかけて食べるのもおすすめです。

作り方

1　鍋にごま油を引き、豚バラ肉、長ねぎ、にんじんを入れて炒め、Aを加えて炒め煮にする。

2　Bと豆もやしを加えて煮立たせ、フタをして弱火で5分ほど煮る。

3　豆もやしが柔らかくなったらニラを加えてサッと煮て、Cを加える。沸いているところに溶き卵を細く回し入れ、ひと呼吸おいてやさしく混ぜる。味をみて塩、こしょうで調える。

肉と野菜をしっかり炒め、調味料を絡ませてコクアップ

豆もやしが柔らかくなったらニラを投入

しっかり沸いているところに溶き卵を入れるとふわふわに

大人は柚子こしょうをプラス！
柑橘の香りと青唐辛子の辛みで
清涼感のあるおいしさに。

小松菜たっぷり
塩麻婆豆腐

材料（2〜3人分）

豚ひき肉 … 200g

小松菜 … 1束（200g／1cm幅に切る）

木綿豆腐 … 1丁（300g／サイの目に切る）

長ねぎ … 1/2本（みじん切り）

ごま油 … 小さじ2

にんにく、しょうが（すりおろし）… 各小さじ1/2

塩、こしょう … 各少々

A┌ 水 … 200cc
　├ 鶏ガラスープの素 … 小さじ2
　└ 塩 … 小さじ1/2

B┌ 片栗粉、料理酒 … 各大さじ1
　└ オイスターソース、みりん … 各小さじ2

柚子こしょう … お好みで小さじ1/4〜

ごま油またはラー油 … 適量

✦ AYA'S POINT ✦

● 大人は仕上げにラー油をかけると、赤唐辛子と青唐辛子のダブルで、辛いもの好きにはたまりません！

● 小松菜の食感や風味が苦手な息子も食べてくれるメニュー！　しっかり炒めておくとマイルドになって食べやすいです。

作り方

1 フライパンにごま油を引いて熱し、豚ひき肉とにんにく、しょうがを入れて炒める。肉の色が変わってきたら小松菜を加えて、塩、こしょうをふり、しんなりするまで炒める。

2 豆腐を加え、**A**を加えて煮立たせ、弱めの中火で2分ほど煮る。一度火を止め、長ねぎと、混ぜ合わせた**B**を加えて混ぜながら再び火にかけとろみをつける。

3 お好みで柚子こしょうを入れ、盛り付けてごま油またはラー油をかける。

しんなりするまで炒めてカサを減らすと苦みも和らぐ

豆腐がなるべく煮汁に漬るように煮る

柚子こしょうを加える前に、苦手な家族の分を取り分けて

えびとブロッコリーの塩あんかけ天津飯

とろとろ卵と
プリプリえびがたまらない。
ブロッコリーの栄養も満点で、
目にも鮮やか。

材料 (2 〜 3 人分)

温かいごはん … 適量

むきえび … 100g（下処理済み／ 3 〜 4 等分に切る）

ブロッコリー … 100g（小房に分ける）

卵 … 4 個（溶きほぐす）

塩 … ひとつまみ

ごま油 … 大さじ 1

A ─ 水 … 300cc

塩 … 小さじ1/2

鶏ガラスープの素、オイスターソース … 各小さじ 1

片栗粉 … 大さじ 1 と小さじ 1

料理酒 … 大さじ 1

└ にんにく、しょうが（すりおろし）、こしょう … 各少々

ラー油、ブラックペッパー … お好みで各適量

AYA'S POINT

● ブロッコリーはレンジ加熱だと食感が悪くなりがちですが、小さく切って煮るので気にならなくなります（もちろんゆでてもOK！）

● 一品で見栄え良し！　冷凍えびを常備しておけばササッと作れるのでランチにもおすすめです。

作り方

1 Aは合わせておく。ブロッコリーはボウルに入れ、ラップをかけてレンジで 1 分加熱して粗く刻む。器にごはんをよそっておく。

2 フライパンにごま油を引いてしっかり熱し、塩を加えた卵液を入れて手早く混ぜ、半熟状態になったら温かいごはんの上にかける。

3 フライパンをキッチンペーパーできれいに拭き取り、ブロッコリー、むきえび、Aを入れ、混ぜながら煮立たせる。えびに火が通ったら**2**にかける。お好みでラー油、ブラックペッパーをふって食べる。

小さく切ると、ひと口ごとに具材感があり、おいしくなる

手早くかき混ぜ、とろとろのうちにごはんにかける

火にかけると徐々にとろみがついてくる

豚こまともやしの中華あんかけ丼

材料は少ないのに
食べたら中華丼の満足感。
切る手間いらずのもやしで、
いつでも気軽に作れます。

材料（2〜3人分）

温かいごはん … 適量

豚こま切れ肉 … 150g

もやし … 1袋（200g）

ニラ … 1/2束（3cm幅に切る）

にんじん … 1/4本（40g／細切り／なくてもOK）

ごま油 … 小さじ2

A［ 料理酒、しょうゆ … 各小さじ1
　　 にんにく、しょうが（すりおろし）… 各小さじ1/2

B［ 水 … 200cc
　　 片栗粉 … 大さじ1と1/2
　　 しょうゆ、オイスターソース … 各大さじ1
　　 鶏ガラスープの素 … 小さじ1と1/2
　　 砂糖、酢 … 各小さじ1

ブラックペッパー、からし … お好みで各適量

AYA'S POINT

● 白菜が旬でない時期も中華丼が食べられます。

● もやしが食べにくい子どもには、出来上がったあんかけをキッチンバサミでカットしてあげるか、あらかじめ袋の上から揉んで、ポキポキ折ってから炒めると良いです。

● ニラは青ねぎやピーマンに替えてアレンジできます。

作り方

1 豚こま切れ肉は、大きければひと口大にカットし、Aをなじませる。Bは合わせておく。

2 フライパンにごま油を引き、豚こま切れ肉、にんじんを入れて炒める。肉の色が変わったらもやしを加え、強めの中火で1分半ほど炒める。

3 ニラを加えてサッと炒め、Bを加えて混ぜながらとろみをつける。温かいごはんにかけ、お好みでブラックペッパーをふってからしを添える。

Aを揉み込むことで、安いこま肉でも断然おいしくなる

とろみをつける前に好みの食感に炒めておく

Bは片栗粉入りなので、加える前にもう一度よく混ぜて投入

トロたま
のっけの
そぼろガパオ

とろっとした卵が甘辛エスニックによく合う、
夫も子どもも大好きなニューガパオ。

材料（2〜3人分）

温かいごはん … 適量

鶏ひき肉（もも）… 200g

トロたま（P110）… 適量

にんにく … 1片（みじん切り）

玉ねぎ … 1/2個（1cmの角切り）

パプリカ … 1/2個（1cmの角切り）

ピーマン … 2個（1cmの角切り）

オリーブオイル … 小さじ2

塩、こしょう … 各少々

A ┌ ナンプラーまたはしょうゆ … 大さじ1と1/2
  │ オイスターソース、酢 … 各大さじ1
  │ 砂糖 … 小さじ2
  └ 鶏ガラスープの素 … 小さじ1

水溶き片栗粉（片栗粉小さじ1：水小さじ2）

乾燥バジル（または生バジル）… あれば適量

AYA'S POINT

●バジルは生バジルを使うと、より香りが出て本格的になります。

●子どもにはトロたまがおすすめですが、大人にはカリッと焼いた目玉焼きをのせても◎。

作り方

1 フライパンにオリーブオイルを引き、にんにく、玉ねぎを入れて火にかける。玉ねぎが透き通ってきたら鶏ひき肉を加えて塩、こしょうをふり、炒め合わせる。

2 肉の色が変わったらパプリカとピーマンを加えてサッと炒める。

3 Aの調味料を加えて汁けがなくなるまで炒め、水溶き片栗粉を加えてとろみをつけて乾燥バジルを加える。温かいごはんの上にかけて、トロたまをのせる。

鶏ひき肉はお好みで大きめにほぐすと食べ応えが出る

パプリカのかわりに、なすで作るのもおすすめ◎

片栗粉でまとめると食べやすさUP。お弁当に入れる時にも

鶏もも肉のきのこクリーム煮

生クリームなしでも絶品！
お店の味になる隠し味は、
少しのしょうゆと粒マスタード。

材料（2〜3人分）

にんじんライス（P108）… 適量

鶏もも肉 … 小1枚
（250g／2cm角に切って、塩、こしょうをふる）

玉ねぎ … 1/2個（ごく薄切り）

にんにく … 1片（みじん切り）

マッシュルーム … 6個（薄切り／100g）

オリーブオイル … 大さじ2

塩、こしょう … 各少々

料理酒 … 大さじ2

小麦粉または米粉 … 大さじ2

A
　牛乳 … 300cc
　コンソメ、しょうゆ … 各小さじ1
　粒マスタード … 小さじ2
　塩 … 小さじ1/2

ゆでブロッコリー、ブラックペッパー … お好みで各少々

AYA'S POINT

● きのこはしめじに替えてもおいしく出来ます。

● 時間のない時はにんにくはチューブを使ったり、クリーム煮は普通の白いごはんにかけてもOK。パンにも良く合います。

● 子どもウケ抜群。夫も私も大好きで、クリーム煮の概念が変わります（笑）。

作り方

1　フライパンにオリーブオイルを引き、にんにく、玉ねぎ、マッシュルームを入れて火にかける。玉ねぎがしんなりして透き通ってきたら、鶏もも肉を加えて皮がこんがりしてくるまで炒める。

2　料理酒を加えて混ぜ、一度火を止めて小麦粉をふり入れなじませる。

3　粉けがなくなったらAを加えて混ぜながら加熱し、とろみがついたら、にんじんライスにかける。お好みでブロッコリーを添えて、ブラックペッパーをふる。

玉ねぎとにんにくをしんなり炒めることも味のポイント

しっかり焼き色を付けて酒をなじませると、旨みに変わる

Aは合わせずに、上から順にひとつずつ加えてOK

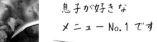

息子が好きなメニューNo.1です

デミグラス風
おやこ丼

とろっとろのデミオムライスを
食べているような味わいのおやこ丼

材料（3〜4人分）

温かいごはん … 適量

鶏もも肉 … 小1枚
　（250g／2cm角に切って、塩、こしょうをふる）

玉ねぎ … 大1/2個（ごく薄切り）

卵 … 4個（溶きほぐす）

ブロッコリー … 50g（小房に分け好みの硬さに塩ゆでする）

オリーブオイル … 小さじ2

塩、こしょう … 各少々

A ┌ 水 … 100cc
　├ めんつゆ、ケチャップ … 各大さじ3
　└ ウスターソース、みりん … 各大さじ2

水溶き片栗粉（片栗粉大さじ1/2：水大さじ1）

〜 AYA'S POINT 〜

● 子どもも大好きな、和洋折衷のおやこ丼です。

● 時間のある時に2まで作っておくと、食べる直前に卵でとじるだけなのでラク！

● にんじんライスやトマトライス（P108）にかけるのもおすすめです。

作り方

1 フライパンにオリーブオイルを引き、玉ねぎを入れて火にかけ、玉ねぎがしんなりしてきたら鶏もも肉を加えて炒め合わせる。

2 鶏もも肉がこんがりしてきたらAを加え、弱火で3分ほど煮る。混ぜながら水溶き片栗粉を加えてとろみをつける。

3 ブロッコリーを加え、溶き卵の2/3量をぐるりと加えて、菜ばしで軽く混ぜ、半熟状に火を通し、残りの卵を加えたらフタをして火を消し、1〜2分待つ。卵が好みのかたさになったら温かいごはんの上にのせる。

玉ねぎはシャキシャキしないようにしっかり炒めておく

弱めの火加減で鶏もも肉を柔らかく煮てからとろみをつける

余熱で火を通し、トロッと半熟状に仕上げる

豆乳レモンチキンカレー

ルゥもスパイスも使わずに、お店で食べるようなカレーを、手軽におうちでヘルシーに。

材料（2〜3人分）

鶏もも肉 … 小1枚（250g／2cm角に切る）
玉ねぎ … 1/2個（ザク切り）
なす … 2本（縞模様に皮をむいて1cmのいちょう切り）
ピーマン … 2個（2cm角に切る）
オリーブオイル … 大さじ2
カレー粉 … 小さじ2
塩、こしょう … 各少々

A
料理酒、ナンプラー … 各大さじ2
砂糖、鶏ガラスープの素 … 各小さじ2
にんにく、しょうが（すりおろし）… 各小さじ1
水 … 100cc
豆乳 … 300cc

レモン汁 … 大さじ1
柚子こしょう … 小さじ1/2〜
レモンの輪切り、バジルまたはパクチー … あれば各適量

作り方

1 フライパンにオリーブオイルを引き、玉ねぎ、なすを入れて火にかけ、炒める。

2 玉ねぎが透き通ってきたら、塩、こしょうをふった鶏もも肉を入れて炒め、さらにピーマンを加える。鶏もも肉の皮目が少しこんがりするまで炒めたらカレー粉を加えて具材になじませながら炒める。

3 一度火を止め、Aを上から順に加える。再び火にかけ弱火でふつふつするくらいに煮て、味をみながらレモン汁と柚子こしょうを加える。温かいごはん（分量外／適量）にかけて、レモンの輪切り、バジルまたはパクチーを添える。

なすはしっかり炒めてトロッとした食感にしておく

カレー粉はよく炒めてスパイシーな香りを引き出す

柚子こしょうを加えると、グリーンカレーのような味に！

フレッシュトマトと卵のとろみえびチリ

炒めた生トマトで作る
ジューシーな旨みのえびチリ。
鶏もも肉で作ってもおいしい。

材料（2〜3人分）

トマト … 大1個または小2個（完熟／角切り）
むきえび（下処理済み）… 200g
長ねぎ … 1/2本（みじん切り）
にんにく、しょうが（すりおろし）… 各小さじ1/2
卵 … 1個（溶きほぐす）
塩、こしょう … 各少々
片栗粉 … 大さじ1
ごま油 … 小さじ2 ＋小さじ2
A　料理酒、オイスターソース、しょうゆ … 各大さじ1
　　砂糖 … 小さじ1
ブラックペッパー、ラー油 … お好みで各適量

作り方

1 むきえびは表面の水けを拭き取り、塩、こしょうをふり、片栗粉をまぶす。フライパンにごま油を引いて熱し、むきえびを入れて両面を1〜2分ずつ焼いて取り出す。

2 同じフライパンにごま油を追加して、長ねぎ、にんにく、しょうがを入れて炒める。香りが立ったらトマトを加え、崩れて形がなくなるまで炒める。

3 Aと1を加えて煮立たせ、溶き卵を回し入れる。ひと呼吸置いてからやさしくかき混ぜ、卵にゆるく火が通ったら盛り付ける。お好みでブラックペッパーをふり、ラー油をかける。

片栗粉が水分を閉じ込めてプリプリに。とろみにもなる

トマトはよく炒めると、旨みがぐーんと倍増！

急いで混ぜると一体化しすぎるので、ゆっくり混ぜて

完熟トマトのミートチーズ

No.1スピードごはん！
肉々しいチーズハンバーグを
崩したような味わい。

材料（2～3人分）

合いびき肉 … 250g
トマト … 2個（完熟／8等分のくし形切り）
ピザ用チーズ … 50g
塩 … ふたつまみ
ブラックペッパー … 小さじ1/2
ナツメグ … 小さじ1/4
オリーブオイル … 小さじ2

A ┌ ウスターソース、ケチャップ … 各大さじ2
　│ 砂糖 … 小さじ1
　└ しょうゆ … 小さじ1/2

バジルまたはパセリ … 適量（ちぎっておく）

作り方

1 Aは合わせておく。合いびき肉はパックの中で塩、ブラックペッパー、ナツメグをふる。

2 オリーブオイルを引いたフライパンを強めの中火でよく熱し、パックを返すようにして合いびき肉を入れる。こんがり焼けたら上下を返し、ほぐしながら反対の面にも焼き色を付ける。

3 トマトを加え、強めの中火でサッと炒め、Aを加えて混ぜる。トマトの皮にしわが寄ってきたらチーズを加えて溶かし、火を止めて盛り付ける。お好みで、温かいごはん（分量外／適量）にかけて、バジルまたはパセリをちらす。

パカッと返してフライパンへ
入れるから手が汚れない

粗くほぐしてこんがり焼く。
これで肉々しいおいしさに

強めの火加減でトマトをサッと
加熱すると水分が出すぎない

豚バラと白菜の旨塩とろみ炒め

たっぷりの白菜が消費できる、わしわし食べたい奪い合いおかず。

材料（2〜3人分）

豚バラ肉 … 200g（4cm幅に切る）
白菜 … 大1/8株（正味400g／1cm幅に切る）
にんじん … 1/4本（40g／細切り）
塩昆布 … 15g
塩、こしょう … 各少々
料理酒 … 大さじ1
A
　水 … 100cc
　白だし … 大さじ2と1/2
　片栗粉 … 大さじ1
　にんにくしょうが（すりおろし）… 各小さじ1/2

作り方

1　フライパンに豚バラ肉を入れて火にかけ、脂が出てきたらにんじんを加えて炒め、塩、こしょうをふる。

2　白菜と塩昆布を加えて炒め合わせ、豚バラ肉の脂が回ったら料理酒を加えてフタをし、時々混ぜながら4〜5分蒸し炒めにする。

3　白菜が柔らかくなったら混ぜ合わせたAを加え、混ぜながら火を強めてとろみをつける。

脂が足りない時は、ごま油を少量足して

白菜をしっかり柔らかくしたい場合はここで長めに蒸す

片栗粉入りの調味料は加える前にもう一度よく混ぜて

チキンとほうれん草のとろけるかぼちゃシチュー

かぼちゃのとろみがあれば
ルゥも粉類も不要。
ごはんにもパンにも合います。

材料（2〜3人分）

鶏もも肉 … 小1枚（250g／2cm角に切って
　塩、こしょう少々をまぶす）

かぼちゃ … 1/4個

ほうれん草 … 1/2束（100g／3cm幅に切る）

玉ねぎ … 1/2個（ごく薄切り）

しめじ … 100g（小房に分ける）

オリーブオイル … 大さじ1

にんにく（すりおろし）… 小さじ1/2

```
    ┌ 水 … 100cc
    │ 牛乳 … 200cc
A   │ バター … 10g
    │ コンソメ … 小さじ1
    └ みそ、ケチャップ、はちみつ … 各大さじ1
```

塩 … 少々〜

ブラックペッパー … お好みで少々

作り方

1 かぼちゃはまるごとラップに包みレンジで7〜8分加熱し、柔らかくなったら包丁で刻むか、ヘラなどでざっくり崩しておく。

2 フライパンにオリーブオイルを引いて熱し、玉ねぎ、鶏もも肉を炒める。鶏もも肉の皮がこんがりしてきたらほうれん草、しめじ、にんにくを加えて炒め合わせる。

3 ほうれん草がしんなりしたら、かぼちゃ、**A**を上から順に加えて煮立たせ、味をみて塩で調える。器によそい、お好みでブラックペッパーをふる。

まな板の上で刻むか、ヘラなどで崩してもOK

ほうれん草のアクが気になる時は水にさらすか下ゆでを

隠し味のケチャップとみそでコクの深い味わいに

コロコロ厚揚げと小松菜の和風そぼろあん

しょうがが香る、ほっこり味の和風あん。
厚揚げを使うと少量のひき肉でも
満足感が出ます。

材料（2〜3人分）

鶏ひき肉（ももまたはむね）… 100g

小松菜 … 1袋（200g／1cm幅に切る）

絹厚揚げ … 2枚（300g／油抜きしてサイの目に切る）

ごま油 … 小さじ2

塩、こしょう … 各少々

水 … 200cc

A
- めんつゆ … 50cc
- みりん、酒 … 各大さじ1
- オイスターソース … 小さじ1

水溶き片栗粉（片栗粉大さじ1：水大さじ2）

しょうが（すりおろし）… 小さじ1/2

作り方

1　フライパンにごま油を引き、小松菜を入れ、塩、こしょうをふって炒める。しんなりしてきたら鶏ひき肉を入れ、色が変わるまでほぐし炒める。

2　絹厚揚げと水、Aを加えて煮立たせ、厚揚げが煮汁に浸るようにして弱火で2分ほど煮る。

3　水溶き片栗粉を回し入れ、とろみをつける。しょうがを溶き入れ、お好みで、温かいごはん（分量外／適量）にかける。

バサつきやすい鶏ひき肉は小松菜の後に入れて

和風の味わいに少しのオイスターソースで旨みが増す

片栗粉のとろみで、小松菜が食べやすくなる

韓国風バクダン丼

切り落としまぐろを見ると作りたくなる！栄養満点混ぜのつけ丼。

材料（2〜3人分）

温かいごはん … 適量
まぐろの刺身 … 100g
A ┌ 塩 … ひとつまみ
　└ ごま油 … 大さじ1
B ┌ コチュジャン、ごま油 … 各小さじ1
　└ しょうゆ … 小さじ2
温泉たまご（P110）または卵黄 … 人数分
ひきわり納豆 … 1パック（たれを加えて混ぜる）
オクラ … 8本
たくあん、白菜キムチ、韓国海苔フレーク … 各適量
コチュジャン … お好みで適量

作り方

1 オクラは好みの硬さにゆでて輪切りにし、**A** を加えて和える。

2 まぐろは小さめの角切りにして **B** で和える。

3 ごはんの上に納豆、**1** のオクラ、**2** のまぐろ、たくあん、白菜キムチ、韓国海苔フレークをのせ、中央に温泉たまごなどをのせる。お好みでコチュジャンを添え、よく混ぜて食べる。

子ども用には、まぐろのかわりに、ツナ1缶にしょうゆ小さじ1を混ぜたものを半量ほどのせても！

オクラをナムルにしておくことで、味が全体によくなじむ

辛くしたくない場合は、コチュジャンは入れず、別添えに

温泉たまごをのせて、よく混ぜて食べるとおいしい！

野菜たっぷり ミートタコライス

野菜と一緒に食べると
さっぱりとおいしい。
アボカドもよく合います。

材料（2〜3人分）

温かいごはん … 適量
合いびき肉 … 250g
玉ねぎ … 1/2個（みじん切り）
にんじん … 1/4本（40g／みじん切り）
トマト … 1個（角切り）
レタス、アボカド … あれば各適量
オリーブオイル … 小さじ1
塩、こしょう … 各少々
料理酒 … 大さじ2

A
┌ ウスターソース … 大さじ3
├ ケチャップ … 大さじ2
├ 砂糖 … 小さじ2
├ しょうゆ … 小さじ1
└ カレー粉、にんにく（すりおろし）… 各小さじ1/2

ピザ用チーズ、ブラックペッパー … お好みで各適量

作り方

1 フライパンにオリーブオイルを引き、玉ねぎ、にんじん、塩、こしょうを入れて混ぜながら火にかけ、ジューッと音がしたら弱火にしてフタをし、時々混ぜながら3分ほど蒸し炒めにする。

2 合いびき肉を加えて料理酒をふり、色が変わるまで炒めたらAを上から順に加えて味をつける。

3 温かいごはんの上に細切りのレタス、アボカドをのせて2をのせ、お好みでピザ用チーズをかけて余熱で溶かす。トマトをちらし、お好みでブラックペッパーをかける。

弱火で蒸し炒めにして、野菜にしっかりと火を通す

»

カレーにならない程度にカレー粉を加えるとタコミートに

PLUS ONE

お好みでさらにペッパーソースかけるとサルサソースのような味わいに

とうもろこしとオクラのドライカレー

夏のカレーは煮込まずササッと！

材料（2〜3人分）

温かいごはん … 適量
合いびき肉 … 150g
玉ねぎ … 1/2個（みじん切り）
とうもろこし … 1本（実を削ぐ）
オクラ … 7〜8本
　（板ずりして小口切り）
カレールゥ（市販）… 2かけ
オリーブオイル … 小さじ2

A ｜ 料理酒 … 大さじ1
　｜ ケチャップ … 大さじ2
　｜ にんにく（すりおろし）
　｜ … 小さじ1

水 … 150cc
しょうゆ … 小さじ1〜
温泉たまご（P110）または
　ゆで卵 … お好みで適量

作り方

1　フライパンにオリーブオイルを引き、玉ねぎを入れて火にかけ、玉ねぎが透き通ってきたら合いびき肉を加える。

2　肉の色が変わったらとうもろこしとオクラを入れて炒め、油が回ったらAを加えてサッと炒める。

3　水と刻んだカレールゥを加えて混ぜ、ルゥが溶けたら鍋肌からしょうゆを加える。温かいごはんの上にのせ、お好みで温泉たまごなどをのせる。

甘塩鮭とほうれん草のクリームライス

塩鮭の旨みでクリーム煮なのにごはんがすすむ。

材料（2〜3人分）

温かいごはん … 適量
甘塩鮭 … 小2切れ（フライパン
　または魚焼きグリルで焼く）
ほうれん草 … 1束（3cm幅に切る）
玉ねぎ … 1/4個（ごく薄切り）
しめじ … 100g（小房に分ける）
バター … 10g

塩、こしょう … 各少々
小麦粉または米粉
　… 大さじ1と1/2

A ｜ 牛乳 … 300cc
　｜ コンソメ … 小さじ1
　｜ 塩 … ひとつまみ〜
　｜ 粉チーズ … 大さじ1

作り方

1　フライパンにバターと玉ねぎを入れ、火にかけて炒める。

2　玉ねぎがしんなりしてきたらしめじとほうれん草を加えて塩、こしょうをふり、炒め合わせる。

3　鮭を加え、小麦粉をふって具材になじませ、Aを加えて混ぜながらとろみをつける。味をみて足りなければ塩、こしょう（各分量外）で調え、温かいごはんにかける。

とろとろ麻婆白菜

たっぷり肉厚の白菜を蒸し炒めで
とろける食感に。

材料（2〜3人分）

豚ひき肉 … 200g
白菜 … 1/4株（正味600g／細切り）
長ねぎ … 1/2本（みじん切り）
ごま油 … 小さじ2
塩、こしょう … 各少々
にんにく、しょうが（すりおろし）
　… 各小さじ1

料理酒 … 大さじ1

A
水 … 150cc
オイスターソース … 大さじ2
片栗粉、しょうゆ、みそ、みりん
　… 各大さじ1
鶏ガラスープの素 … 小さじ1

ブラックペッパー、ラー油
　… お好みで各適量

作り方

1　フライパンにごま油を引いて熱し、豚ひき肉を炒める。肉の色が変わったらにんにく、しょうがを加え、塩、こしょうをふってさらに炒める。

2　白菜を加えて炒め合わせ、油が回ったら料理酒を加えフタをして、時々混ぜながら白菜がとろっと柔らかくなるまで4〜5分蒸し炒めにする。

3　長ねぎと合わせたAを加え、とろみがつくまで混ぜながら加熱する。お好みで温かいごはん（分量外／適量）にのせ、ブラックペッパーとラー油をかける。

牛肉とごぼうのすき焼き風とろみ煮

しらたき&ごぼうで腸活にもおすすめメニュー。

材料（2〜3人分）

牛バラ肉または肩ロース肉
　… 200g（小さめに切る）
しらたき … 1パック（180g／
　アク抜き済み／食べやすく切る）
ささがきごぼう（水煮）… 100g
長ねぎ … 1/2本（青い部分を
　含めて全て斜め薄切り）

水 … 150cc
米油 … 小さじ2

A
砂糖 … 大さじ1と1/2
しょうゆ、みりん… 各大さじ3

B
みそ … 小さじ1
しょうが（すりおろし）… 小さじ1/2

水溶き片栗粉（片栗粉大さじ1/2：
　水大さじ1）

作り方

1　フライパンにしらたきを入れて3分ほど乾煎りし、米油を加え、水けを切ったごぼうと長ねぎを加えてサッと炒める。

2　一度火を止めてフライパンの空いたスペースに牛肉を入れ、Aを肉めがけて加える。再び火をつけて絡める。

3　水を加えて煮立ったらフタをし、弱火で野菜が柔らかくなるまで煮る。火を止めてBを加え、水溶き片栗粉でとろみをつける。お好みで温かいごはん（分量外）の上にかけて温泉たまご（P110／分量外）をのせる。

PART

2

ほったらかしでもできる
ほぼ放置メニュー

料理に付きっきりにはなれないけど、何か作らなきゃ！
という時に役立つ、「ほぼ放置」で作れる料理。
手を動かす時間がとても短いから、調理がラクラク。
ほったらかしている間に子どもと遊びながら、
キッチンからいいにおいがしてくるとうれしくなります。

手羽元のほろほろトマトしょうゆ煮

骨から肉がするり。
じっくり煮込むと骨の旨みの
染み出た絶品トマト煮に。

鍋

材料 (2 〜 3 人分)

鶏手羽元 … 10本（450g）

玉ねぎ … 大1個（8等分のくし形切り）

にんじん … 1/2本（80g／小さめの乱切り）

しめじ … 100g（小房に分ける）

にんにく … 2片（包丁の腹でつぶして手で割る）

オリーブオイル … 大さじ2

料理酒 … 100cc

A
┌ ホールトマト缶 … 1缶
│ しょうゆ … 大さじ3
│ 塩 … 小さじ1/2
│ 砂糖 … 小さじ2
└ 乾燥オレガノ … あればふたつまみ

パセリ、ブラックペッパー … あれば各適量

AYA'S POINT

● 鍋の中で、骨から肉を外しよくほぐして、ごはんにかけてもおいしい！

● 肉を外した骨はまだ少しだしが出るので、翌日は水と好みの野菜や調味料を加えてトマトスープにするのもおすすめです。鍋もきれいになって一石二鳥!!

作り方

1 鍋にオリーブオイルを熱し、鶏手羽元を入れて焼く。表面がこんがりしたら料理酒を加え、鍋底をこそぐようにして煮立たせる。

2 残りの具材を入れてサッと炒め、油が回ったらAを入れる。ホールトマトを崩して混ぜ、煮立ったらフタをして弱火で50分煮る。

3 フタをあけて少し火を強め、時々混ぜながら水分を飛ばすように5分ほど煮る（食べる直前の温め直しの際でも良い）。盛り付けてパセリ、ブラックペッパーをふる。

表面を焼くことで、旨みが出て、臭み消しにもなる

混ぜたらフタをして、ただただ煮込むだけでいい

ほぐして出せば、骨付き肉が苦手な人も食べられます

ドロッとしてくるまで煮詰めることで濃厚なトマト煮に

鍋

豚バラ大根ルーローハン

大根の水分で煮るから旨みが凝縮。
火にかけたら放置するだけで、とろとろに。

材料（2～3人分）

豚バラ肉 … 200g（1cm角に切る）

大根 … 1/3本（正味400g／1cmの角切り）

長ねぎ … 1本（青い部分まで全て粗みじん切り）

椎茸 … 2枚（1cmの角切り）

A ┌ 料理酒 … 50cc
　├ しょうゆ、オイスターソース … 各大さじ2
　├ 砂糖 … 大さじ1と1/2
　└ にんにく、しょうが（すりおろし）… 各小さじ1

水溶き片栗粉（片栗粉大さじ1/2：水大さじ1）

温かいごはん … 適量

ゆで小松菜、たくあん、ゆで卵など … お好みで各適量

五香粉、ブラックペッパー … お好みで各少々

作り方

1 鍋に大根、長ねぎ、椎茸、豚バラ肉の順に重ね、合わせた**A**を回し入れる。

2 フタをして火にかけ、煮立ったら弱火で20分煮る。フタをあけて底から返すように混ぜ、火を止めてフタをして、そのまま10分以上放置する。

3 食べる直前に温め、水溶き片栗粉でとろみをつける。温かいごはんにかけてお好みのトッピングをのせる。お好みで五香粉、ブラックペッパーをふる。

全ての具材を入れ、**A**を回し入れて火にかける

加熱後は全体を混ぜ、火を止めて余熱で味を染み込ませる

温め直しついでにとろみをつけるとトロトロ感がアップ

鶏肉と野菜の
はちみつみそ焼き

ごはんのおかずにも、
七味をかけて焼きとり風の
おつまみにも。

材料（2～3人分）

鶏もも肉 … 小2枚（500g）

スライスかぼちゃ … 6枚（半分に切る）

れんこん … 100g（いちょう切りにする）

オリーブオイル … 適量

塩、こしょう … 各適量

A ┌ みそ、しょうゆ … 各大さじ2
　└ はちみつ … 大さじ1

七味、マヨネーズ … お好みで各適量

AYA'S POINT

●前日や朝に漬け込んでおいて夜焼けば、ラクチン晩ごはんに！

●肉だけでなく、みそ味がついた野菜も絶品です。

作り方

1 鶏もも肉は余分な脂や筋を取り除き、筋切りをしてポリ袋に入れ、**A**を入れて3時間以上漬け込む。

2 オーブンを220度に予熱する。天板にクッキングシートを敷いて**1**の皮目を上にして並べ、周りを囲むように野菜を並べる。野菜に塩、こしょうをふり、オリーブオイルをかけて20～25分焼く。

3 肉を取り出して食べやすく切り分け、野菜を添える。天板に残ったオイルを肉と野菜に回しかけ、お好みで七味とマヨネーズを添える。

鶏肉に**A**をまんべんなく揉み込み、しっかり味を染み込ませる

野菜にはオリーブオイルをかけるとしっとり仕上がる

ジューシー塩ロースト
ポーク 鍋

あえてオーブンではなく鍋で作ると、
肉の旨みを吸った野菜もごちそうに。

材料（2〜3人分）

豚肩ロース肉ブロック … 400g

じゃがいも … 2個（皮付きのまま4等分に切る）

玉ねぎ … 1/2個（薄切り）

にんじん … 小1本（100g／縦4等分して半分の長さに切る）

にんにく … 2片（包丁の腹でつぶして手で割る）

A ┌ 塩 … 小さじ1と1/2
　├ ブラックペッパー … 適量
　├ オリーブオイル … 大さじ1
　└ ローリエ … 2枚

オリーブオイル … 大さじ1

料理酒 … 80cc

ブラックペッパー、粒マスタード … お好みで各適量

〈レモンバターしょうゆソース〉

┌ バター … 15g
├ しょうゆ、はちみつ … 各小さじ1
└ レモン汁 … 小さじ1/2

※レンジで1分加熱する

AYA'S POINT

● しっかり火が通っていてもたんぱく質の変性により、切った後ほんのりピンク色の肉汁が出ることがあります。赤い肉汁が出る場合は加熱不足なので追加で加熱してください。

● 玉ねぎはあえて薄切りにすることで甘みとコクが全体に行き渡ります。

● お好みでタイムやローズマリーなどのハーブを一緒にマリネしてもおいしいです。

作り方

1 ポリ袋に豚肩ロース肉と**A**を上から順に加えて都度揉み込み、6時間〜ひと晩置いておく。

2 厚手の鍋にオリーブオイルを引いて熱し、**1**の表面がこんがりするまで焼き付けて一度取り出す。

3 同じ鍋にじゃがいも、玉ねぎ、にんじん、にんにくを入れて塩ひとつまみ（分量外）をふって炒め、油が回ったら**2**と料理酒を加える。煮立ったらフタをして弱火で30分蒸す。

4 肉を取り出して火を強め、水分を飛ばすように混ぜながら野菜をサッと煮る。肉を切り分け、野菜と一緒に盛り付け〈**レモンバターしょうゆソース**〉を添える。お好みでブラックペッパーをふり、粒マスタードを添える。

オイルでマリネすることで水分を閉じ込めてジューシーに

ローリエは焦げやすいので、焼く時は外し蒸す時に加える

竹串を刺して透明の肉汁が出たら、火が通ったというサイン

鶏大根の春雨スープ煮込み

たっぷりの酒としょうがで煮込む、鶏だしの利いたポカポカメニュー。

材料（2〜3人分）

鶏手羽元 … 8本（360g）

大根 … 1/3本（正味400g／いちょう切り）

しょうが … 30g（皮付きのまま薄切り）

緑豆春雨 … 30g

料理酒 … 200cc

水 … 400cc

ごま油 … 大さじ3

しょうゆ、みりん … 各大さじ2

長ねぎの青い部分 … 1本分

塩、こしょう … 各少々〜

小ねぎ … お好みで少々（小口切り）

AYA'S POINT

● 骨付き肉からだしがたっぷり出るので、シンプルな調味料でもコクのある味わいになります。

● 時間があれば一度冷ますと、味が染み込んで、よりおいしくなります。

作り方

1 鍋にごま油としょうがを入れて火にかけ、しょうがのフチがカリッとしてくるまで炒める。

2 鶏手羽元を加えて表面が白っぽくなるまで炒める。料理酒を加えて煮立たせ、アルコールを飛ばしたら水と大根を加える。

3 再び煮立ったらアクを取り、しょうゆ、みりんを加えて長ねぎの青い部分をのせ、フタをして弱火で30分煮る。

4 春雨を乾燥のまま入れて火を止めて、冷めるまで置いておく。食べる直前に温め直したら、味をみて塩、こしょうで調える。器に **3** の長ねぎ以外を盛り、お好みで小ねぎをちらす。

しょうがの香りをしっかりごま油に移すと格段においしく

わーっと酒で煮ることで、骨からのだしが引き出される

調味料と長ねぎを加えたら、あとは放置！

白菜とひき肉のとろとろ重ね煮

ジューシーな肉だねと、
サンドした白菜がとろとろでおいしい、
中華風のミルフィーユ煮。

材料（2～3人分）

白菜 … 1/4株（正味600g前後／ザク切り）

長ねぎ … 1/2本（みじん切り）

合いびき肉 … 300g

A ┌ 卵 … 1個
　│ 塩 … 小さじ1/2
　│ 片栗粉 … 大さじ1
　│ しょうが（すりおろし）… 小さじ1
　└ こしょう … 少々

B ┌ 水 … 200cc
　│ 料理酒 … 50cc
　│ しょうゆ、みりん … 各大さじ2
　└ オイスターソース … 大さじ1

塩、こしょう … 各少々～

水溶き片栗粉（片栗粉大さじ1：水大さじ1）

からし、小ねぎ … お好みで少々

AYA'S POINT

● あえての合いびき肉がおいしい！中華風の煮込みハンバーグのような味わい。からしがよく合います。

● 白菜をたっぷり消費！　長く煮ることで白菜の旨み成分がスープに滲み出てきます。

作り方

1 ボウルに合いびき肉と長ねぎ、**A**を入れて粘りが出るまでよく混ぜる。

2 直径20cm程度の鍋に白菜の白い部分を敷いて**1**の半量を入れる。さらに白菜を重ね、もう一度肉だねをのせて白菜をかぶせる。合わせた**B**を回し入れてフタをして火にかけ、煮立ったら弱火にして50分ほど煮る。

3 火を止め鍋底を傷つけないように切り分けて盛り付け、残った煮汁の味をみて、塩、こしょうで調える。再び火にかけ、水溶き片栗粉を入れてとろみをつける。重ね煮にたっぷりとかけ、お好みで小ねぎをちらしてからしを添える。

白っぽくなるまでよく混ぜることで煮込んでもジューシー

白菜は厚みのある部分を下の方に、上は葉がくるように重ねる

重ねたらあとは放置。出来上がったら鍋のまま包丁で切る

ほったらかしアクアパッツァ

特別な日でなくても、
たらの切り身を買ったらコレ。
野菜もおいしく食べられます。

材料（2〜3人分）

生たら … 2〜3切れ（250g）

冷凍シーフードミックス … 100g
　（霜が付いている場合は流水で洗う）

ミニトマト … 8個

ブロッコリー … 100g（小房に分ける）

にんにく … 1片（みじん切り）

グリーンオリーブ … あれば8個

乾燥オレガノ … あればひとつまみ

料理酒 … 60cc

オリーブオイル … 大さじ3

しょうゆ … 小さじ1

ブラックペッパー … 適量

AYA'S POINT

●簡単なのに豪華見えするうれしいおかずです。

●魚介の旨みを吸ったブロッコリーや柔らかく煮えたミニトマトも絶品です。

作り方

1 たらは両面にしっかりめに塩（分量外）をふって10分置き、表面に出た水分をキッチンペーパーで拭き取る。

2 フライパンに1、凍ったままのシーフードミックス、ミニトマト、ブロッコリー、グリーンオリーブを入れる。にんにくとオレガノをちらし、料理酒とオリーブオイルを回しかけてフタをし6〜7分蒸す。

3 仕上げにしょうゆを加えてひと煮立ちさせ、蒸し汁の味をみて足りなければ、塩、こしょう各少々（分量外）で調える。盛り付けてブラックペッパーをふる。

材料を入れたら放置するだけ。あっという間でラクチン

仕上げにしょうゆを入れるとごはんにも合う味に！

フライパン蒸し肉じゃが

フライパン

煮込まないから煮崩れずに
味が染み込みます。

材料（2〜3人分）

牛切り落とし肉（バラまたは肩ロース）… 200g

じゃがいも … 4個（450g／大きめのひと口大に切る）

玉ねぎ … 大2個（8等分のくし形切りに切る）

にんじん … 大1本（200g／乱切り）

塩 … 小さじ1

冷凍いんげん … あれば8本（半分に切る）

A
- 水 … 100cc
- 砂糖（きび砂糖がおすすめ）… 大さじ2

B
- 料理酒 … 100cc
- しょうゆ、みりん … 各大さじ3

AYA'S POINT

● 火加減はずっと中火でOKです（強すぎると煮崩れしやすく味が濃くなり、弱すぎると火の通りが悪くなります）。

● 冷ます時間を入れるとトータルの時間はかかるものの、手を動かす時間はほんの数分。

● たっぷり出来上がるので、余ったら細かくしてコロッケにしたり、オムレツの具にするのもおすすめです。

作り方

1 フライパンの底に塩をふり、玉ねぎ、にんじん、じゃがいもの順に重ねる。Aを加えてフタをし中火で12分蒸す。Bを合わせておく。

2 全体を混ぜて一度火を止め、牛肉、冷凍いんげんをのせて、Bを回しかける。フタをしてさらに12分蒸す。

3 フタをあけて、肉をほぐして底から返すように混ぜ合わせる。火を止めてそのまま冷めるまで置いておく。食べる直前に温め直す。

底に塩をふってから野菜を蒸すと水分が出やすくなる

落とし蓋のように肉で野菜を覆い調味料を加えて再度蒸す

一度冷まし、温め直すことで味の染み込んだ仕上がりに

くたくたブロッコリーのチキン塩煮込み

ブロッコリーがにんにくの利いた
旨みたっぷりのソースになってよく絡みます。

フライパン

材料（2〜3人分）

鶏もも肉 … 小2枚
　（500g／それぞれ4等分に切り、塩、こしょうをふる）
ブロッコリー … 小1株（茎を除き200g／小房に分ける）
玉ねぎ … 1/2個（薄切り）
にんにく … 2片（包丁の腹でつぶして手で割る）
オリーブオイル … 大さじ3
塩、こしょう … 各少々
A ┌ 料理酒 … 50cc
　├ 塩 … 小さじ1と1/4
　└ 乾燥オレガノ … あればひとつまみ
ブラックペッパー、レモン汁、粒マスタード … お好みで各適量

〜 AYA'S POINT 〜

● 甘くとろとろになったブロッコリーがお肉のソースになる！

● 鶏もも肉は大きめに切ることで肉の水分が留まり、ジューシーに仕上がります。

● 生のレモンがなければ、市販のレモン汁をかけても◎です。

作り方

1 フライパンにオリーブオイルを引き、にんにくと玉ねぎを入れて火にかけ、玉ねぎがしんなりするまで炒める。鶏もも肉を皮目から入れて焼く。
※にんにくが焦げそうな場合は肉の上に避難させます。

2 鶏もも肉の皮がこんがりしたら上下を返して空いているスペースにブロッコリーを入れ、ひたひたの水（分量外）と **A** を入れて中火で30〜40分ほど煮る。

3 煮汁が少なくなくなったら鶏もも肉の上下を返しながら味を絡め、汁けがなくなったら、トングでブロッコリーをほぐして盛り付ける。お好みでブラックペッパーをふり、レモンを搾ってレモン汁をかけ、粒マスタードを添える。

玉ねぎをよけて、鶏もも肉の皮目によく焼き色を付ける

はじめはなるべく煮汁に浸らせながら加熱した後放置する

カラカラにせず、しっとり感が残る程度に！

生のレモンを搾ると味が締まります。

ごま油香る
ほったらかし
イカ大根

ただただ煮るだけで、
イカが驚くほど柔らかくなります。
だしの染みた大根も絶品。

材料（2〜3人分）

イカ … 大1杯（内臓を除く／220g／輪切り）

大根 … 1/3本（正味400g／1.5mm幅のいちょう切り）

にんじん … 1/2本（80g／乱切り）

しょうが … 1片（千切り）

A
- 水 … 300cc
- 料理酒、みりん … 各大さじ3
- しょうゆ … 大さじ4
- 砂糖 … 大さじ1

冷凍いんげん … あれば8本（半分に切る）

ごま油 … 適量

からし … お好みで適量

AYA'S POINT

● 中途半端に煮ると硬くなるイカも、大根が柔らかくなるまで一緒に煮るだけで驚くほど柔らかに。

● 仕上げにごま油を加えるとグッと食欲の増す味に！　ごはんにもお酒にも合います。

作り方

1 フライパンにAとしょうが、大根、にんじんを入れて火にかけ、煮立ったらイカを加える。

2 落とし蓋をして弱火で30〜40分大根が柔らかくなるまで煮込む。

3 いんげんを加えてひと煮立ちさせ、全体を混ぜて火を止め冷めるまでそのまま置く。食べる直前に温め直したらごま油を回し入れて盛り付ける。お好みでからしを添える。

イカは店で下処理してもらえばフライパンに入れて煮るだけ

全て入れたらあとは放置。これでイカがすっかり柔らかに

豚バラキャベツの和風ミルフィーユ煮

重ねて煮るだけ。よーく煮込むと野菜の味わいが変わります。

材料（2〜3人分）

豚バラ肉 … 200g（4cm幅に切る）
キャベツ … 1/2玉 （ザク切り）
にんじん … 小1本（100g）
塩、こしょう … 各適量
A ┌ 水 … 250cc
　└ 白だし、料理酒 … 各60cc
ブラックペッパー … お好みで適量

作り方

1 鍋底にキャベツの1/4量を敷き、その上にピーラーでリボン状にスライスしたにんじんを1/3本分敷き詰める。その上に豚バラ肉の1/3量をのせ、塩、こしょうをふる。これをあと2回繰り返し、最後にキャベツをかぶせる。

2 Aを加えてフタをして火にかけて5分、しっかり煮立ってから弱火で40〜50分そのまま煮る。

3 スープの味をみて足りなければ塩（分量外）で調えて火を止め、鍋を傷付けないように包丁でカットする。盛り付けて、お好みでブラックペッパーをふる。

キャベツ、にんじん、豚バラ肉の順番に重ねる

最後はキャベツの葉で覆いAを加えて放置するだけ

カサが1/3くらいになったら、おいしく出来たサイン

塩サバとトマトのオーブン焼き

オーブン

ごはんのおかず、ワインのお供にも。いつもの焼き魚をちょっとおしゃれに。

材料 (2〜3人分)

甘塩サバフィレ … 2枚（骨取り済み／3等分に切る）
トマト … 1個（8〜12等分のくし形切り）
舞茸 … 100g（ほぐす）
にんにく … 大1片
オリーブオイル … 大さじ2
塩、こしょう … 各適量
パセリ … あれば少々

作り方

1 オーブンを220度に予熱する。にんにくをみじん切りにしてオリーブオイルと合わせておく。

2 天板にクッキングシートを敷きトマト、塩サバ、舞茸を並べ、**1** を回しかける。

3 しっかりめに塩、こしょうをふり、オーブンで20分焼く。盛り付けて焼き汁を全体に回しかけ、パセリをちらす。

にんにくはオイルにくぐらせると焦げにくく香りも出る

≫

舞茸は焦げやすいので **1** のオイルをしっかりかける

PLUS ONE

ブロッコリーやアスパラ、オクラなどを一緒に焼いても！

ローストチキンと
グリル野菜 （オーブン）

何度も作りたい
オーブン焼きの大定番。
つけ合わせの長いもも
ごちそう。

材料 (2 〜 3 人分)

鶏もも肉 … 小 2 枚（500g）

長いも … 200g（大きめの乱切り）

アスパラガス … 3 〜 4 本（3cm幅に切る）

A［ 料理酒、しょうゆ … 各大さじ 1
　　 オイスターソース、ケチャップ … 各大さじ 2

塩、ブラックペッパー、オリーブオイル … 各適量

作り方

1　鶏もも肉は、余分な脂や筋を取り除き、筋切りをしてポリ袋に入れ、A を入れて 3 時間以上漬け込む。

2　オーブンを220度に予熱する。天板にクッキングシートを敷いて 1 の皮目を上にして並べ、周りに野菜を並べる。野菜に塩、全体にブラックペッパーと、オリーブオイルをかけて20〜25分焼く。

3　盛り付けて天板に残った焼き汁を肉と野菜に回しかける。

朝漬けて夜焼くと、ごはんの
支度がラクチン〜！

野菜にはしっかり塩、ブラックペッパーをふると良い

»

PLUS ONE

野菜は他のいも類やきのこ、
根菜やオクラ、パプリカなど
でもおいしい!!

【フライパン】

大根と豚バラの梅塩昆布蒸し

煮込まない大根のおいしい食べ方。
食欲がない時もさっぱりといただけます。

材料（2〜3人分）

豚バラ肉（しゃぶしゃぶ用）… 250g
大根 … 1/4本（正味300g）
水菜 … 小2株（3cm幅に切る）
梅干し … 2〜3個
塩昆布 … 10g
料理酒 … 大さじ3
白いりごま、ポン酢 … お好みで各適量

作り方

1　大根は皮をむいてピーラーでリボン状にスライスしてフライパンに入れ、水菜、豚バラ肉の順に重ねる。

2　ちぎった梅干し、塩昆布をのせ、料理酒を回しかけ、フタして5〜6分蒸し焼きにする。

3　肉の色が変わったら、お好みで白いりごまをちらし、ポン酢をつけて食べる。

ピーラー大根ならとにかく火の通りが早く、食べやすい！

梅干しと塩昆布をのせたら、あとは酒蒸し放置で完成

≫

PLUS ONE

出来上がったら、フライパンのまま食卓に出してもOK。

フライパン

フライパン蒸ししゃぶ

疲れている時のヘビロテメニュー。
このたれで子どもが野菜を食べます。

材料（2～3人分）

豚肩ロース肉（しゃぶしゃぶ用）… 300g
もやし … 1袋（200g）
キャベツ … 1/4個（細切り）
にんじん … 1/4本（40g／細切り）
ニラ … 1/2束（3cm幅に切る）
椎茸 … 3～4枚（カサは薄切り、軸は手で割く）
料理酒 … 大さじ3
塩、こしょう … 各適量

〈ごまポンだれ〉

白すりごま … 大さじ3
ポン酢 … 大さじ4
みそ、ごま油 … 各大さじ1
砂糖 … 小さじ1
にんにく（すりおろし）… お好みで少々

作り方

1 大きめのフライパンににんじん、キャベツ、もやし、椎茸、ニラの順に重ねる。

2 豚肩ロース肉をなるべく重ならないようにのせ、塩、こしょうをしっかりめにふり、料理酒を回しかけてフタをし、7～8分ほど蒸す。

3 フタをあけて肉をほぐし、野菜をざっくり混ぜて盛り付ける。合わせた**〈ごまポンだれ〉**をかけて食べる。

野菜を全部入れて、肉でしっかりと覆うようにすると良い

»

塩、こしょうをふって、酒蒸しにするだけで出来上がり！

»

ざっくりほぐしてフライパンごと食卓に出しても◎

炊き込みチキンジャンバラヤ

炊飯器

炊き込むだけでパパッとワンプレート！
辛くないのに異国風ごはんに。

材料（2〜3人分）

鶏もも肉 … 1枚（300g／2cm角に切る）
米 … 2合
にんじん … 1/4本（40g／1cm角に切る）
玉ねぎ … 1/2個（1cm角に切る）
パプリカ … 1/2個（1cm角に切る）

A
ケチャップ … 大さじ1
しょうゆ … 小さじ2
カレー粉 … 小さじ1

B
ウスターソース … 大さじ1
ケチャップ … 大さじ2
コンソメ … 小さじ1
塩 … 小さじ1/2

目玉焼きまたはトロたま（P110）、
　ブラックペッパー … お好みで各適量

作り方

1 鶏もも肉をポリ袋に入れ、Aで下味をつけて10分置く。

2 炊飯器の内釜に研いだ米を入れてBを加え、2合の目盛りより少なめに水（分量外）を注いで混ぜる。

3 にんじん、玉ねぎ、1を入れ、炊飯する。炊き上がったらパプリカを加え、よく混ぜて10分以上蒸らす。盛り付け、お好みで目玉焼きなどをのせてブラックペッパーをふる。

買ってきたパックの中で漬けてもOK！

あとは炊飯器におまかせ！
放置するだけで出来上がり

パプリカはピーマンにかえてもOK

【フライパン】

さつまいもと豚肉のみそバター煮

甘じょっぱくて、ごはんが進む！我が家の秋冬人気メニュー。

材料（2〜3人分）

さつまいも … 300g（1cmの輪切りにする）
豚バラ肉 … 200g（4cm幅に切る）
A ┌ 水 … 100cc
  │ みりん … 大さじ3
  │ みそ、料理酒 … 各大さじ2
  └ しょうゆ … 小さじ1
バター … 10g
小ねぎ … お好みで適量

作り方

1 さつまいもは水（分量外）に5分さらし、フライパンに入れる。豚バラ肉をかぶせるようにのせ、合わせたAを入れフタをして火にかけ、煮立ったら弱火にして13〜14分ほど煮る。

2 フタをあけて混ぜながら火を強め、汁けがなくなってきたらバターを加えて混ぜる。盛り付けてお好みで小ねぎをのせる。

豚バラをかぶせてAを入れたらフタをして弱火で煮る

≫

仕上げに火を強めてバターを絡めてサッと仕上げる

PLUS ONE

さつまいもは甘くねっとりした品種がおすすめ。紅はるか、シルクスイートなど。

トマトだれの炊き込みカオマンガイ

炊飯器

トマトだれなら爽やか！子どもも大好きでおかわりします。

材料（2〜3人分）

鶏むね肉 … 小2枚（500g／お好みで皮を取る）
米 … 2合
長ねぎの青い部分 … 1本分
しょうが … 1片（皮ごと薄切り）

A
┏ 料理酒 … 大さじ2
┗ 塩、砂糖 … 各小さじ1

B
┏ 塩 … 小さじ1/2
┗ ごま油 … 大さじ1

〈トマトだれ〉
┏ トマト … 1個（角切り）
┃ 長ねぎ … 1/2本（みじん切り）
┃ ナンプラー（またはしょうゆ）、
┃ 　オイスターソース … 各大さじ1
┃ レモン汁、ごま油 … 各小さじ1
┗ にんにく（すりおろし）… 小さじ1/2

作り方

1 鶏むね肉はポリ袋に入れ、Aを加えてよく揉み込み10分置く（ひと晩置いてもOK）。

2 炊飯器の内釜に洗った米とBを入れ、2合の目盛りより少なめに水（分量外）を注いで混ぜる。1と長ねぎ、しょうがを加えて炊飯する。炊き上がったら肉、長ねぎ、しょうがを取り除いて混ぜ、肉を切り分けて盛り付ける。（子どもには肉をほぐすと食べやすい）

3 〈トマトだれ〉を作る。耐熱ボウルに長ねぎを入れてレンジで30秒ほど加熱する。そこに残りの材料を全て加えて混ぜ合わせる。2にかける。

手の温度で常温に戻すようによく揉み込むと、しっとりする

ねぎの青い部分としょうがを加えればスープの素いらず

たれのねぎは加熱すると辛みが抜け、甘みが出て食べやすく

鶏ごぼうのおこわ風炊き込みごはん `炊飯器`

切り餅を加えると、おこわのような食感に。

材料（2〜3人分）

鶏もも肉 … 小1枚（250g／1.5cm角に切る）
米 … 2合
油揚げ … 1枚（油抜きし短冊切り）
ささがきごぼう（水煮）… 100g（水けを搾る）
にんじん … 50g（千切り）
切り餅 … 1個（50g／1cmの角切り）
A ┌ 料理酒、しょうゆ … 各小さじ2
 ┌ みりん、しょうゆ … 各大さじ1と1/2
B │ オイスターソース、ごま油 … 各大さじ1
 └ 鶏ガラスープの素 … 小さじ1
小ねぎ … お好みで適量（小口切り）

作り方

1 鶏もも肉にAをなじませて10分置く。

2 米を研いで炊飯器の内釜に入れ、Bを入れて2合の目盛り
よりやや少なめに水（分量外）を注いで混ぜる。切り餅、油
揚げ、ごぼう、にんじん、1を入れ、炊飯する。

3 炊けたらよく混ぜ、10分以上蒸らす。器に盛り、お好みで
小ねぎをちらす。

ひじきと大豆の五目炊き込みごはん `炊飯器`

大豆でしっかりたんぱく質を。おにぎりにも◎。

材料（2〜3人分）

大豆水煮 … 100g（水けを切る）
米 … 2合
油揚げ … 1枚（油抜きし細切り）
乾燥ひじき … 10g
　（水で戻し水けを切る）
にんじん … 50g（千切り）
椎茸 … 2枚（薄切り）

A ┌ しょうゆ、料理酒、
 │ 　みりん … 各大さじ2
 │ 和風だしの素
 │ 　… 小さじ2
 └ 塩 … 小さじ1/2

作り方

1 炊飯器の内釜に研いだ米とAを加えて2合の目盛りまで水
（分量外）を注いで混ぜる。

2 全ての具材をのせ、炊飯する。炊けたらよく混ぜ、10分以
上蒸らす。

炊き込みチキンピラフ 炊飯器

そのままでも、オムライスの中身にしても。

材料（2〜3人分）

鶏もも肉 … 小1枚（250g）
米 … 2合
玉ねぎ … 1/2個（粗みじん切り）
にんじん … 50g（粗みじん切り）
ピーマン … 2個（みじん切り）

A
料理酒 … 大さじ1
塩 … ふたつまみ
こしょう … 少々

B
オリーブオイル … 大さじ1
コンソメ … 小さじ2
塩 … 小さじ1/2〜2/3

バター … 10g
ブラックペッパー
　… お好みで各適量

作り方

1　鶏もも肉は2cm角に切ってAをなじませ10分置く。

2　米を研いで炊飯器の内釜に入れ、Bを入れて2合の目盛りよりやや少なめに水（分量外）を注いで混ぜる。玉ねぎ、にんじんと1を入れ、炊飯する。

3　炊き上がりにピーマンとバターを加えて混ぜ、10分以上蒸らす。盛り付けてお好みでブラックペッパーをふる。

ミニトマトとウインナーのピラフ 炊飯器

家にある材料で作るちょっとおしゃれなピラフ。

材料（2〜3人分）

米 … 2合
ウインナー … 5〜6本
ミニトマト … 10個
にんにく … 1片（みじん切り）
オリーブ（グリーンまたは
　ブラック）… あれば8個

A
料理酒、オリーブオイル
　… 各大さじ1
塩 … 小さじ2/3
コンソメ … 小さじ1

パセリ、ブラックペッパー
　… お好みで各適量

作り方

1　ウインナーは輪切り、ミニトマトは半分に切る。

2　米を洗って炊飯器の内釜に入れ、Aを加えて混ぜ、ミニトマトをのせる。2合の目盛りまで水（分量外）を注ぎ、ウインナー、オリーブ、にんにくをのせて炊飯する。

3　炊けたらよく混ぜ、10分以上蒸らし、盛り付けてお好みでパセリをちらし、ブラックペッパーをふる。

PART

3

時間差でも食べられる 冷めてもおいしいおかず

漬け込んだり煮たりして素材に味を染み込ませた料理や、
肉に片栗粉や卵などをまとわせてしっとり焼いた料理など、
冷めてもおいしい工夫を加えた料理を集めました。
時間差でごはんを食べる家族がいてもおいしく、
また翌日のお弁当にも入れられるメニューも！

時間が経つほど
しみしみになる。
冷蔵庫で冷やしてもおいしい。

鶏肉と夏野菜の中華風南蛮漬け

材料（2〜3人分）

鶏もも肉 … 1枚（300g／小さめのひと口大に切る）

なす … 2本（縞模様に皮をむいて縦4等分に
　　　切ってから半分の長さに切る）

ピーマン … 2〜3個（縦4等分に切る）

長ねぎ … 1/2本（みじん切り）

A［ しょうゆ、料理酒 … 各小さじ1

片栗粉 … 大さじ2

ごま油 … 大さじ3

輪切り唐辛子 … お好みでひとつまみ

B［
　しょうゆ、酢 … 各大さじ2
　オイスターソース、砂糖 … 各大さじ1
　にんにく、しょうが（すりおろし）… 各小さじ1/2
　鶏ガラスープの素 … 小さじ1/2
　水 … 50cc

- - -

AYA'S POINT

● 出来立てでも冷めてもおいしい、
　我が家の大定番のおかずです。

● 倍量で仕込めば、作り置きにも便
　利。ピーマンはオクラにかえても。

作り方

1 ボウルに長ねぎ、輪切り唐辛子、**B**を合わせてお
く。鶏もも肉は**A**で下味をつけて片栗粉をまぶす。

2 フライパンにごま油を引いて**1**の鶏もも肉となす
を皮目から入れる。火にかけてフタをし4分ほど
蒸し焼きにし、上下を返してフタをせずに2〜3
分焼く。なすが柔らかくなったらなす、鶏もも肉
の順に**1**のボウルに漬ける。

3 同じフライパンでピーマンを焼き、焼き色が付い
たら同じボウルに漬ける。

下味を染み込ませる
と、出来立てでも冷
めてもおいしい

フタをあける時は、
水分がフライパンに
戻らぬよう注意

熱々の具材が入ると、
ねぎの辛みもマイル
ドになる

ほうれん草たっぷりプルコギ

ほうれん草がおいしくなる！
ボリューム満点、
コクたっぷりの甘辛プルコギ。

材料（2〜3人分）

牛切り落とし肉（肩ロースまたはバラ）… 200g

ほうれん草 … 1束（200g／3cm幅に切る）

にんじん … 1/4本（40g／千切り）

玉ねぎ … 1/2個（薄切り）

A
- 白いりごま、砂糖、しょうゆ、料理酒、ごま油、みそ、ケチャップ … 各大さじ1
- オイスターソース … 大さじ1/2
- にんにく、しょうが（すりおろし）… 各小さじ1

── AYA'S POINT ──

● コチュジャンや唐辛子を加えなくても満足の、コクうまプルコギ。

● 調味料が多いけど、ほぼ同量なので覚えやすい。

● ごはんと一緒にほうれん草をたくさん食べてくれる、子どもも喜ぶメニューです。

作り方 ────────

1 フライパンに**A**を入れて混ぜ合わせ、牛肉を入れて味を絡めたら10分置く。

2 にんじんと玉ねぎを肉の上にのせ、フライパンを火にかける。ほぐしながら炒める。

3 肉の色が変わったら、ほうれん草を加えて強めの中火で炒め合わせる。

味が偏らないように**A**が混ざってから肉を絡める

肉をほぐしながら火にかけ炒め合わせる

ほうれん草はしっかり水けを切ってから投入！

かぼちゃと舞茸の
カリカリ豚ポン酢

カリカリ豚にポン酢がジュワッと。
冷めてもおいしい揚げ浸し風。

材料（2〜3人分）

豚こま切れ肉 … 250g

スライスかぼちゃ … 6枚（半分に切る）

舞茸 … 100g（大きめにほぐす）

塩、こしょう … 各少々

片栗粉 … 大さじ3

米油 … 適量

A ┌ ポン酢 … 60cc
　├ 砂糖 … 大さじ1
　├ 水 … 大さじ2
　└ しょうが（すりおろし）… 小さじ1

小ねぎ … 適量（小口切り）

〰 AYA'S POINT 〰

● 豚こま切れ肉は、漬けてもカリカリ！ 出来立ても、冷めてもおいしい。

● 漬けだれはそのままに、他の野菜やきのこに替えても。なすやれんこん、オクラやズッキーニなどアレンジ自在です。

作り方 ————

1 Aはボウルに合わせておく。豚こま切れ肉はパックの中で少し広げて、塩、こしょうをまぶす。ポリ袋に入れ、片栗粉を加えてふり混ぜる。

2 フライパンの底が薄く浸るくらいに米油を注いで熱し、かぼちゃを入れて2分ほど揚げ焼きにして1のボウルに漬ける。同じフライパンに1の豚肉を入れ、なるべく広げながらカリカリになるまで両面揚げ焼きにして同じボウルに漬ける。

3 油を少し残すようにしてキッチンペーパーで拭き取り、舞茸を焼いて、同様にボウルに漬ける。やさしく混ぜて盛り付け、小ねぎをちらす。

袋に空気を入れてふりほぐすと、まんべんなくまぶせる

平べったく敷いて表面積を大きくするとカリカリ度が増す

やさしく返すように混ぜる。舞茸も同様に

ぶりの
ねぎバター
しょうゆ焼き

ねぎの青い部分は香りが強く、
ぶりの脂と相性抜群。
ソースのように絡めるとおいしい。

材料（2〜3人分）

ぶり … 2〜3切れ

長ねぎ … 1本（青い部分まで全て斜め薄切り）

塩 … ひとつまみ

ごま油 … 小さじ2

小麦粉または米粉 … 適量

A［ バター … 10g
　 しょうゆ … 大さじ1
　 オイスターソース … 小さじ1 ］

柚子こしょう、ブラックペッパー … お好みで各適量

〜 AYA'S POINT 〜

● ねぎの青い部分は緑黄色野菜！薄切りにしてクタクタに炒めれば、筋っぽさも気になりません。

● ぶりに小麦粉をまぶして焼くことで、パサつきを防ぎ調味料がよく絡むので、冷めてもおいしいおかずです。

作り方

1　ぶりは塩を全体にふって10分置き、出てきた水分を拭き取って表面に小麦粉をまぶす。

2　フライパンにごま油を引いて熱し、長ねぎとぶりを入れる。ぶりは動かさずに3分ほど焼き、長ねぎは焦げないように炒める。

3　ぶりの上下を返して2分ほど焼いたら、弱火にし、Aを加えてぶりとねぎに絡める。盛り付けてお好みでブラックペッパーをふり、柚子こしょうを添える。

粉をまぶすと水分が逃げず香ばしく焼ける

じっくり焼いて、粉の膜ができてからAを加える

火を弱めて、ねぎにもぶりにも味が絡むように加熱する

小松菜とえのきのふわふわつくね

えのきの粘りで
小松菜の食感を和らげ、
鶏むねミンチもふわふわに。

材料（2〜3人分）

鶏ひき肉（むねまたはもも）… 250g

えのきだけ … 100g（石づきを切り落として1cm幅に刻む）

小松菜 … 1/2束（100g）

ごま油 … 大さじ1

水 … 大さじ2

A
- 卵 … 1個
- 片栗粉、料理酒 … 各大さじ1
- 塩 … 小さじ1/2
- こしょう … 少々
- しょうが（すりおろし）… 小さじ1/2

B
- しょうゆ、みりん … 各大さじ1と1/2
- 砂糖 … 大さじ1

白いりごま … お好みで適量

AYA'S POINT

● おみそ汁で合わせる好きな具材をつくねに！ えのきは粘りだけでなく旨み成分もあり、肉だねをおいしくしてくれます。

● Bを絡めずに取り分けて、離乳食にも活躍したメニューです。

作り方

1　小松菜は根元を少し落としてラップに包み、レンジで2分加熱する。冷水に浸して粗熱を取り、水気を絞って軸の方から1cm幅に刻む。

2　ボウルに鶏ひき肉、えのき、1の小松菜とAを入れて粘りが出るまで混ぜる。小さな小判形に成形してごま油を引いたフライパンに並べ、火をつけて2〜3分焼く。

3　焼き色が付いたら上下を返し、水を加えてフタをして弱火で6分蒸し焼きにする。フタをあけてBを加え、照りが出るまで加熱して盛り付ける。お好みで白いりごまをふる。

加熱することで、カサを減らせるので、たっぷり入れられる

粘りが出るまでよく混ぜて肉と具材をしっかり繋いでおく

中までしっかり火を通す。離乳食ならここで取り分けても◎

まるごとピーマンと鶏肉の梅煮浸し

ピーマンは切らずに種もワタも味わいます。
甘辛の煮浸しに梅の酸味がアクセントに。

材料 (2 〜 3 人分)

鶏もも肉 … 1 枚（300g ／ひと口大に切る）

ピーマン … 8 個

しょうが … 1 片（千切り）

梅干し … 2 〜 3 個

塩、こしょう … 各少々

ごま油 … 大さじ 1

A
水 … 200cc
料理酒、めんつゆ … 各50cc
みりん … 大さじ 1

かつおぶし … 1 パック（2〜3g）

AYA'S POINT

● 冷めても冷蔵庫で冷やしてもおいしいメニューです。

● しっかり温度が下がると煮こごりのように煮汁が固まるので、白い脂を取り除いてジュレのようにかけてもおいしい！

● ピーマンはまるごと入れますが、くたっと煮るので、たくさん食べられます。

作り方

1 鶏もも肉に、塩、こしょうをふっておく。

2 フライパンにごま油を引いて熱し、1 の鶏もも肉の皮目を下にして入れ、ピーマンは両手でつぶして入れ、焼く。

3 A と、しょうがを入れて煮立ったら弱火にし、梅干しを軽くつぶして入れ、フタをして20分煮る。火を止めてかつおぶしを加え、そのまま冷めるまで置いておく。

肉は皮目のみ焼き、ピーマンは上下焼き色を付ける

弱火で煮ることで鶏肉もパサつかずにしっとりと仕上がる

豚こまの
オニオンペッパー
ひとくちステーキ

入れすぎ!? くらいの
ブラックペッパーと焼き目が
「牛ステーキ味」のポイント。

材料（2〜3人分）

豚こま切れ肉 … 300g

アスパラガス … 4〜5本（4cm幅に切る）

A
┌ 卵 … 1個
│ 小麦粉または米粉 … 大さじ1と1/2
│ 塩 … 小さじ1/3
└ ブラックペッパー … 小さじ1

オリーブオイル … 大さじ1

〈オニオンソース〉

┌ 玉ねぎ … 1/2個（細かいみじん切り）
│ しょうゆ、料理酒、みりん、水 … 各大さじ2
└ にんにく（すりおろし）… 小さじ1/2

ブラックペッパー、わさび … 各適量

AYA'S POINT

● 卵を揉み込んで焼くと、豚こまの筋っぽさやパサつきが気にならず、冷めてもおいしい。

● たっぷりのブラックペッパーを入れても辛くならず、「牛ステーキ」の味と香りに近付きます。

● 焦げる一歩手前くらいの焼き色と香ばしさも、「牛ステーキ味」のポイントです。

作り方

1　フライパンにオリーブオイルを引いて熱し、アスパラガスを入れて炒め、皿に盛り付け塩（分量外）をふる。

2　ボウルに豚こま切れ肉とAを入れてよく揉み込み、ひと口大にまとめて1のフライパンに並べ入れる。強めの中火で3分ほど焼き、上下を返して2分ほど焼いて1の皿に並べる。

3　〈オニオンソース〉の材料を入れて火にかけ、玉ねぎが透明になるまでしっかり煮詰めて2にかける。ブラックペッパーをふり、わさびを添える。

先に、アスパラガスなどお好みの野菜を焼いておく

ヘラでぎゅっと押して焼き、香ばしい焼き色を付ける

ソースは水分と玉ねぎが一体化するくらいじっくりと煮詰めて

えびちく
マヨネーズ

たれにヨーグルトを加えると
重たくならず、
程よい酸味で
止まらないおいしさに。

材料（2〜3人分）

むきえび … 150g（下処理済み）

ちくわ … 4本（斜め4等分に切る）

片栗粉 … 大さじ2

塩、こしょう … 各少々

米油 … 大さじ3

A
┌ プレーンヨーグルト … 大さじ3
│ マヨネーズ … 大さじ2
│ しょうゆ、オイスターソース、
│ 　砂糖、レモン汁 … 各小さじ1
└ にんにく（すりおろし）… 小さじ1/2

細切りレタス … 適量

青のり … 適量

AYA'S POINT

● ちくわでかさ増し！ 子どもはむしろえびよりちくわが好きなので大正解。青のりの風味がよく合います。

● ヨーグルト感は一切なし。えびマヨなのに重くなくて毎度奪い合いです。

作り方

1　むきえびに塩、こしょうをふって下味をつけ、ちくわとともにポリ袋に入れる。片栗粉を加えてふり混ぜ、まんべんなくまぶす。ボウルにAを入れて混ぜる。

2　フライパンに米油を引いて熱し、1のえびとちくわを広げて入れる。焼いて表面がカリッとしたら、しっかりと油を切って1のボウルに入れ和える。

3　レタスを敷いた皿にのせ、青のりをふる。

片栗粉をまぶしておくと、味がよく絡みやすくなる

焼き色がつきやすいちくわから先に取り出して油を切る

青のりをふるのを忘れずに。ここで混ぜ合わせて絡めてもOK

85

鶏むね肉と
ブロッコリーの
みそマスタードソース

チキンにもブロッコリーにも合う
みそマスタードソースでやみつきに

材料（2〜3人分）

鶏むね肉 … 1枚（300g／削ぎ切り）
ブロッコリー … 100g（小房に分けて好みの硬さに塩ゆで）
A［卵 … 1個（溶きほぐす）
　 片栗粉、粉チーズ … 各大さじ2
オリーブオイル … 大さじ1

〈みそマスタードソース〉
　┌ マヨネーズ … 大さじ2
　│ 粒マスタード … 大さじ1
　└ みそ、はちみつ、しょうゆ … 各小さじ2

作り方

1 ボウルにAを合わせ、鶏むね肉をくぐらせる。

2 フライパンにオリーブオイルを引いて熱し、1を並べて3分ほど焼く。上下を返して1分半ほど焼いて火を通したらブロッコリーとともに皿に並べる。

3 合わせた〈みそマスタードソース〉をかける。

卵液にくぐらせて焼けば、鶏むね肉もしっとり仕上がる

くっついても気にせず、焼けてから離せばOK

PLUS ONE

みそマスタードソースは チキンやポーク、サーモンのソテーにかけてもおいしい！

刻みブロッコリーのバーベキューチーズハンバーグ

まるごと1株入って栄養満点。
簡単バーベキューソースでどうぞ。

材料（2〜3人分）

合いびき肉 … 300g

ブロッコリー … 小1株
　（茎を除き200g／塩ゆでして粗く刻む）

スライスチーズ … 2枚（チェダー／半分に切る）

A
　卵 … 1個
　片栗粉 … 大さじ2
　オリーブオイル … 大さじ1
　塩 … 小さじ2/3
　ナツメグ、ブラックペッパー … 各少々

オリーブオイル … 小さじ1

水 … 50cc

〈バーベキューソース〉
　焼肉のたれ … 大さじ4
　ケチャップ … 大さじ3
　料理酒 … 大さじ1

作り方

1　ボウルに合いびき肉、ブロッコリー、Aを入れて粘りが出るまで混ぜ合わせる。4等分にして空気を抜き、小判形に整え、オリーブオイルを引いたフライパンに並べる。

2　火をつけて強めの中火で3分ほど焼き、上下を返して1分焼いたら水を加えてフタをし弱火で8分ほど蒸し焼きにする。

3　スライスチーズをのせて再びフタをし、30秒ほど置いてチーズが溶けたら盛り付ける。〈バーベキューソース〉の調味料をフライパンに入れて煮立たせ、とろりとしてきたらハンバーグにかける。

ブロッコリーでボリュームアップ。玉ねぎなしでおいしい

» しっかり焼き色を付けてから返すと、型崩れしにくい

» 離乳食なら、ソースなしで取り分けても良い

豚しゃぶとほうれん草の梅ポン和え

オリーブオイルで和えれば、時間が経っても豚肉がしっとり。

材料（3〜4人分）

豚肩ロース肉（しゃぶしゃぶ用）… 250g
ほうれん草 … 1束（200g）
しめじ … 100g（小房に分ける）
梅干し … 2個（たたく）

A［ オリーブオイル、ポン酢 … 各大さじ3
　　白すりごま、めんつゆ … 各大さじ1

作り方

1 ほうれん草はラップに包み、レンジで2分ほど加熱して冷水に取る。水けをよく絞り、3cm幅に切る。

2 沸騰した湯にしめじを入れてサッと湯がき、ザルにあげる。料理酒50cc程度（分量外）を加えて再び沸騰したら火を止めて豚肉を3〜4枚くらいずつ湯がき、しめじと同じザルに上げて水けを切る。

3 ボウルに梅干しとAを入れてよく混ぜ、1と2を加えて和える。

ほうれん草はレンチンではなくゆでてもOK

»

火を止めて湯がくことで、加熱しすぎず柔らか食感に

»

オイルを絡めておけば、常温でも冷やしてもパサつかない

焼きとうもろこししゅうまい

焼きとうもろこしを
イメージした
香ばしいしゅうまい。
コーン缶でも作れます。

材料（3〜4人分）

豚ひき肉 … 250g
しゅうまいの皮 … 16〜20枚
とうもろこし … 1本
　（実を削ぐ／またはコーン缶正味120g前後）
長ねぎ … 1/3本（みじん切り）

　┌ 料理酒、しょうゆ、片栗粉 … 各大さじ1
　│ オイスターソース … 小さじ2
A │ 砂糖、ごま油 … 各小さじ1
　│ しょうが（すりおろし）… 小さじ1
　└ こしょう … 少々〜たっぷり

ごま油 … 小さじ2
水 … 50cc
ポン酢、ラー油、からしなど … お好みで各適量

作り方

1 ボウルに豚ひき肉、とうもろこし、長ねぎ、Aを入れ、粘りが出るまでよく混ぜる。

2 ごま油を引いたフライパンに、1を食べやすく丸めて並べ入れる。しゅうまいの皮をかぶせ、強めの中火にかけたら2〜3分焼く。

3 水を加えてフタをし、弱めの中火で6分ほど蒸し焼きにする。フタをあけ水分が残っていたら飛ばして焼き色を付け、盛り付けてお好みでポン酢、ラー油、からしなどを添える。

肉だねは、白っぽくなるまで
しっかりと混ぜておく

くるくると回転させるように
すると側面にも皮がくっつく

フタをして蒸し焼きにし、仕
上げに焼き色を付ける

焼き塩サバの野菜あんかけ

サバの脂が野菜あんでさっぱり。塩サバがさらにおいしく!

材料（2〜3人分）

甘塩サバフィレ … 2枚（骨取り済み／半分に切る）
玉ねぎ … 1/2個（ごく薄切り）
にんじん … 1/4本（40g／細切り）
ピーマン … 2個（細切り）
小麦粉 … 適量
米油 … 小さじ2
A ┌ 水 … 200cc
  │ しょうゆ、みりん、酢、オイスターソース
  │   … 各大さじ1
  └ 片栗粉、砂糖 … 各小さじ2

作り方

1 サバは表面の水けを拭き取って薄く小麦粉をまぶす。フライパンに米油を引いて熱し、サバを皮目から入れて焼く。こんがりしたら上下を返し、火が通るまで焼いて盛り付ける。

2 フライパンの油をキッチンペーパーで拭き取り、米油小さじ1（分量外）を足す。野菜を全て入れて炒め、しんなりしたら混ぜ合わせたAを加えてとろみをつける。

3 1に2をかける。

皮目をこんがりパリッと焼くことで香ばしさがプラス

>>

あんは野菜をしっかり炒めてからAでとろみづけを

PLUS ONE

サバのかわりに、たらや鮭でもおいしく出来ます。

焼き野菜と豚こまの ミニカツレツ

肉だねにパン粉をまぶして
焼くだけでできちゃう、
気軽なカツレツ。

材料（2〜3人分）

豚こま切れ肉 … 300g
かぼちゃやパプリカなどお好みの野菜 … 適量

A
- 卵 … 1個
- 小麦粉または米粉 … 大さじ 1 と1/2
- 塩 … 小さじ1/2
- ブラックペッパー … 少々〜たっぷり

パン粉 … 1 カップ（40g）
粉チーズ … 大さじ 3
オリーブオイル … 大さじ 3

〈ソース〉
- ケチャップ … 大さじ 2
- ウスターソース … 大さじ 1
- 砂糖 … 小さじ 1
- しょうゆ … 小さじ1/2
- にんにく（すりおろし）… 少々

作り方

1 フライパンにオリーブオイル（分量外）を引いて熱し、食べやすく切った野菜を並べて焼く。こんがりしたら上下を返して弱火にしフタをして火が通るまで焼き、塩（分量外）をふって野菜を皿に盛る。

2 バットなどにパン粉と粉チーズを合わせる。ボウルに豚こま切れ肉とAを入れて揉み込み、ひとつかみずつまとめてパン粉をまぶす。

3 1と同じフライパンにオリーブオイルを熱し、2を入れて5分くらい両面をこんがり焼いて油を切る。焼き野菜とともに盛り付けて、混ぜ合わせた〈ソース〉をかける。

卵を吸わせることで冷めても
パサつかずジューシーに

ひとつかみずつまとめて、パン
粉をまぶすだけ

少ないオイルでもこんがり。
オイルを回しながら焼く

豚キムチトマト春雨

春雨は戻さなくてOK。キムチを入れる前に取り分けできます。

材料（2〜3人分）

豚バラ肉
　…150g（3cm幅に切る）
トマト … 大1個または小2個
　（8〜12等分のくし形切り）
緑豆春雨 … 50g（ザッと水を
　かけて水気を切りキッチン
　バサミで長さを半分に切る）

白菜キムチ … 130g
塩、こしょう … 各少々
ごま油 … 小さじ2
A ┌ しょうゆ、みりん、酒
　│　… 各大さじ1と1/2
　└ 水 … 100cc
大葉、ブラックペッパー
　… お好みで各適量

作り方

1　フライパンに豚バラ肉を入れ、塩、こしょうをふって炒める。

2　春雨、A、トマトの順に入れ、フタをして3分ほど蒸し煮にする。（辛いものが苦手な家族にはここで取り分け）

3　キムチを加えて強火でザッと炒め合わせ、火を止めてごま油を回し入れる。盛り付けて、お好みで大葉をちぎってちらしてブラックペッパーをふる。

細切りなすと鶏むね肉の
チンジャオロースー風

ごはんが進む野菜たっぷりおかず。

材料（2〜3人分）

鶏むね肉 … 小1枚
　（200g／細切り）
なす … 2本（細切り）
ピーマン … 小3個（細切り）
しょうゆ、酒 … 各小さじ1
片栗粉 … 小さじ2
ごま油 … 大さじ1

A ┌ オイスターソース … 大さじ1
　│ しょうゆ、みりん、酒
　│　… 各小さじ2
　│ 砂糖、酢 … 各小さじ1
　│ にんにく、しょうが
　└　（すりおろし） … 各小さじ1/2
ブラックペッパー … お好みで適量

作り方

1　Aは合わせておく。鶏むね肉はしょうゆ、酒をかけてなじませ、片栗粉を加えて揉み込んでおく。

2　フライパンにごま油と鶏むね肉を入れて炒める。肉の色が変わってきたらなすを加えて炒め合わせる。

3　ピーマンを加えてサッと炒め、Aを加えて汁けがなくなるまで炒めて盛り付ける。お好みでブラックペッパーをふる。

鶏とズッキーニのみそポン炒め

コクのあるさっぱり炒め。お弁当にもおすすめ。

材料（2〜3人分）

鶏もも肉 … 300g（ひと口大に切る）
ズッキーニ … 1本（縞模様に皮を
　　むいて1cmの輪切り）
ミニトマト … 6個（半分に切る）
塩、こしょう … 各少々
片栗粉 … 大さじ1
ごま油 … 大さじ1

A ｜ みそ、みりん … 各大さじ1
　　ポン酢 … 大さじ2
　　砂糖 … 小さじ2
　　にんにく（すりおろし）
　　　… 小さじ1/2
ブラックペッパー、
　　カイワレ … 各適量

作り方

1　鶏もも肉に塩、こしょうをふり、片栗粉をまぶす。

2　フライパンにごま油を引いて熱し、1を皮目を下にして入れる。3〜4分加熱してこんがり焼けたら上下を返し、空いているスペースにズッキーニを加えて2分ほど両面焼く。

3　ミニトマトと合わせたAを加え、照りが出るまで炒める。盛り付けてカイワレをちらし、ブラックペッパーをふる。

鮭とキャベツの旨みそだれ蒸し

蒸し焼きキャベツが甘くておいしい。

材料（2〜3人分）

生鮭またはサーモン
　　… 2切れ（180g）
キャベツ … 1/4個（細切り）
ニラ … 1/2束（3cm幅に切る）
塩、こしょう … 各少々

小麦粉 … 適量
ごま油 … 小さじ2
A ｜ 焼肉のたれ … 大さじ3
　　みそ … 小さじ2

作り方

1　鮭はひと口大にカットして、塩、こしょうをふり、表面に小麦粉をまぶす。

2　フライパンにごま油を引いて熱し、1を入れて表面をこんがり焼く。

3　鮭の周りにキャベツとニラを入れて合わせたAを回しかけ、フタをして4分蒸し焼きにする。フタをあけて火を強め、水分を飛ばすようにサッと混ぜ、盛り付ける。

白菜とミニトマトの
しょうがスープ

たっぷり白菜が摂れる中華スープ。大人はしょうがを浮かべてどうぞ。

材料（2〜3人分）

白菜 … 1/8株（正味400g／細切り）
ミニトマト … 10個（半分に切る）
椎茸 … 2枚（カサは薄切り、軸は手で割く）
しょうが … 1片（すりおろす）

A ┌ 塩 … ふたつまみ
　├ 酒 … 大さじ2
　└ ごま油 … 大さじ1

B ┌ 水 … 600cc
　├ 鶏ガラスープの素 … 小さじ2
　├ しょうゆ … 小さじ1
　└ こしょう … 少々

塩 … 少々

作り方

1 鍋に白菜を入れて **A** を加える。フタをして、
2〜3分ほど加熱する。一度鍋底からよく
混ぜ、もう一度フタをしてさらに弱火で5〜
6分ほど蒸す。

2 白菜がねっとりと柔らかくなったら椎茸と **B**
を加え、煮立ったらミニトマトを加えて煮る。

3 再び煮立ったら塩を加えて味を調え、盛り付
けてしょうがをのせる。

塩麹ポトフ

香味野菜と塩麹の旨みが染みる、
体にやさしいスープ。

材料（2～3人分）

キャベツ … 1/4個（芯をつけたまま半分に切る）

じゃがいも … 1個（ひと口大に切る）

玉ねぎ … 1個（芯をつけたまま8等分に切る）

にんじん … 1/2本（80g／ひと口大に切る）

にんにく … 1片（包丁の腹でつぶし手で割る）

ウインナー … 5～6本（切り込みを入れておく）

切り昆布 … 1枚（3g）

A [料理酒 … 100cc
    水 … 500cc

塩麹 … 大さじ2～3

こしょう … 少々

オリーブオイル … 大さじ1

粒マスタード … お好みで適量

作り方

1 鍋ににんじん、じゃがいも、玉ねぎ、キャベツの順に重ね、水とにんにくと切昆布、**A**を加えて火にかける。

2 煮立ったら塩麹とこしょう、ウインナーを加え、フタをして弱火で15～20分ほど煮る。

3 オリーブオイルを回し入れ、盛り付けてお好みで粒マスタードを添える。

ニラと卵のみそ汁

超特急なのに栄養満点なみそ汁！

材料（2〜3人分）

ニラ … 1/2束（小口切り）
卵 … 1個（溶きほぐす）
だし汁 … 600cc
みそ … 適量
ラー油 … お好みで少々

作り方

1 鍋にだし汁を煮立たせ、ニラを加えてサッと煮る。

2 みそを溶き加え、再び煮立ったら卵を回し入れる。
盛り付けてお好みでラー油をかける。

とろける野菜のシーフードチャウダー

野菜と魚介の旨みが溶け込んでいます。

材料（2〜3人分）

ブロッコリー … 1/2株（小房に分ける）
じゃがいも … 大1個（1cmの角切り）
にんじん … 1/4本（40g／1cmの角切り）
玉ねぎ … 1/2個（1cmの角切り）
冷凍シーフードミックス … 100〜150g
オリーブオイル … 大さじ2
塩 … 小さじ1/2
料理酒 … 大さじ3
A［水 … 200cc
　 コンソメ … 小さじ2
牛乳 … 300cc
塩、こしょう … 各少々

作り方

1 鍋にオリーブオイルと全ての野菜を入れて火にかけ
る。塩をふって具材になじませ、フタをして時々混
ぜながら5分ほど蒸し炒めにする。

2 シーフードミックスを加えて混ぜ、料理酒をふって
混ぜたらフタをして弱火でさらに3分蒸す。

3 Aを加えて煮立たせ、野菜がくたくたになるまで
煮る。牛乳を加えて温め、塩、こしょうで味を調え
る。

キャベツとベーコンの和風コンソメスープ

蒸すことでたっぷり野菜を入れられます。

材料（2〜3人分）

キャベツ … 1/4個（1.5cm角に切る）
にんじん … 1/4本（40g／1cm角に切る）
ハーフベーコン … 4枚（6等分に切る）
A┌ 塩 … ひとつまみ
　└ 酒、オリーブオイル … 各大さじ2
B┌ コンソメ、しょうゆ … 各小さじ2
　└ 水 … 600cc
塩、こしょう … 各少々〜

作り方

1 鍋にキャベツとにんじんを入れてベーコンをのせる。Aを加え、フタをして3分ほど加熱する。一度鍋底からよく混ぜ、もう一度フタをしてさらに弱火で7〜8分蒸す。

2 野菜がねっとりと柔らかくなったらBを加えて煮立たせ、塩、こしょうで調える。

長ねぎと大根のみそストローネ

冬野菜のほっこり和風ミネストローネ。

材料（2〜3人分）

大根 … 1/4本
　（正味300g／いちょう切り）
長ねぎ … 1本
　（青い部分まで全て小口切り）
にんじん … 1/4本
　（40g／いちょう切り）
ウインナー … 5〜6本（輪切り）
にんにく … 1片（みじん切り）

オリーブオイル … 大さじ2
A┌ ホールトマト缶 … 1缶
　│ 水 … 300cc
　│ 料理酒 … 大さじ1
　└ コンソメ、塩、砂糖 … 各小さじ1
みそ … 小さじ2
粉チーズ、ブラックペッパー、
　パセリ … お好みで各適量

作り方

1 鍋にオリーブオイルとにんにくを入れて火にかける。香りが立ったら長ねぎとウインナーを入れ、長ねぎがクッタリと柔らかくなるまで炒める。

2 大根、にんじん、Aを入れて煮立たせ、フタをして15分ほど煮る。

3 大根が柔らかくなったらみそを加え、ひと煮立ちさせて火を止める。盛り付けてお好みで粉チーズ、ブラックペッパー、パセリをふる。
　※小さい子どもには豆乳や牛乳を少し加えるとマイルドで食べやすくなる。

手羽中と大根の塩スープ

塩のみの味つけでもおいしい、シンプルスープ。

材料（2〜3人分）

鶏手羽中 … 7〜8本
大根 … 正味200g（いちょう切り）
長ねぎ … 1/2本
　（青い部分を含めて斜め薄切り）
塩 … 小さじ1
ごま油 … 大さじ1
料理酒 … 50cc
水 … 500cc
塩、こしょう
　　… 各少々〜

作り方

1 鶏手羽中をポリ袋に入れて塩をまぶし10分置く。

2 鍋にごま油を熱して**1**を入れ、皮目をこんがりと焼きつけ、鍋の空いている場所で長ねぎを炒める。

3 料理酒を加えて鍋底をこそぐようにしてアルコールを飛ばし、大根と水を加えて30分ほどフタをして煮る。味をみて塩、こしょうで調える。

ほろほろ　ブロッコリーと　しらすのスープ

しらすの旨みとにんにくの香りが
食欲をそそります。

材料（2〜3人分）

ブロッコリー … 小1株（茎は皮を削ぎ落として
　薄切りにし、つぼみは小房に分ける）
にんにく … 1片（みじん切り）
しらす … 大さじ3
オリーブオイル … 大さじ2
塩 … ふたつまみ
料理酒 … 大さじ2
A［水 … 500cc
　コンソメ、しょうゆ … 各小さじ1
塩、こしょう … 各少々
ブラックペッパー … お好みで適量

作り方

1 鍋にオリーブオイルとにんにくを入れて火にかけ、香りが立ったらブロッコリーを加える。油が回ったら、塩と料理酒を加えてフタをし、弱火で5分蒸す。

2 **A**を加えて煮立ったらしらすを加え、再びフタをして5分煮る。ヘラでブロッコリーを崩し、味をみて塩、こしょうで調える。盛り付けてお好みでブラックペッパーをふる。

BLT サンラースープ

レタス嫌いも食べられる、やみつき味。

材料（2～3人分）

レタス … 1/2玉（細切り）
トマト … 1個（角切り）
ハーフベーコン … 1パック4枚（6等分に切る）
卵 … 1個（溶きほぐす）
ごま油 … 大さじ1

A［ 水 … 600cc
　 料理酒、しょうゆ、酢、鶏ガラスープの素 … 各大さじ1
　 こしょう … 少々

塩 … 少々～
ラー油 … お好みで少々

作り方

1　鍋にごま油とベーコンを加えて熱し、ベーコンが縮んできたらAを加えて煮立たせる。

2　レタス、トマトを加えてサッと煮て、味をみて塩で調える。盛り付けたらお好みでラー油を垂らす。

ほうれん草とすくい豆腐の
とろみ中華スープ

つるんとたんぱく質も摂れちゃう。

材料（2～3人分）

絹ごし豆腐 … 小1パック（150g）
ほうれん草 … 1/2束（3cm幅に切る）
かにかま … 40g（スティックなら5本）
卵 … 1個（溶きほぐす）

A［ 水 … 600cc
　 鶏ガラスープの素 … 小さじ1
　 塩 … 小さじ1/3

B［ 料理酒、片栗粉 … 各大さじ1
　 しょうゆ、オイスターソース
　 … 各小さじ1

塩、こしょう … 各少々

作り方

1　鍋にAを入れて煮立たせ、豆腐をスプーンですくい入れる。

2　再び煮立ったら、ほぐしたかにかまとほうれん草を加え、よく混ぜたBを回し入れる。

3　とろみがついたら沸いているところに溶き卵を加える。味をみて、塩、こしょうで調える。

たっぷりきのこのみぞれスープ

食物繊維たっぷり！ お腹にやさしい。

材料（2〜3人分）

しめじ … 100g（石づきを取ってほぐす）
えのきだけ … 100g（1cm幅に切る）
大根おろし … 150g

A
- 白だし … 60cc
- 水 … 500cc
- 料理酒 … 大さじ1
- しょうゆ … 小さじ2

三つ葉 … 適量

作り方

1　鍋にAときのこを入れて煮立たせ、フタをして火が通るまで煮る。

2　大根おろしを加え、ひと煮立ちしたら盛り付けて三つ葉をのせる。

水菜と豆腐のふわたま汁

余った水菜を救済できるメニュー。

材料（2〜3人分）

水菜 … 小2株（3cm幅に切る）
豆腐 … 150g（3cm角に切る）
卵 … 1個（溶きほぐす）

A
- 水 … 500cc
- 白だし（10倍濃縮）… 50cc

しょうゆ、みりん … 各小さじ1/2〜

作り方

1　鍋にAを煮立たせて水菜、豆腐を加えて煮る。

2　水菜がしんなりしてきたら、味をみてしょうゆとみりんを加え、煮立っているところに溶き卵を回し入れる。ふんわりと浮かび上がったらやさしく混ぜて火を止める。

炒めねぎの香ばしわかめスープ

お肉料理に良く合う定番スープ。

材料（2〜3人分）

長ねぎ … 1本（青い部分まで全て斜め薄切り）
乾燥わかめ … 小さじ2
ごま油 … 小さじ1
料理酒 … 大さじ1
A
　水 … 600cc
　鶏ガラスープの素 … 小さじ2
　しょうゆ … 小さじ1
　こしょう … 少々
塩 … 少々〜
白いりごま … 小さじ2
ラー油またはごま油 … 適量

作り方

1 鍋にごま油と長ねぎを入れて火にかけて炒める。香ばしい焼き色が付いたら料理酒を加えて鍋底をこそぐように混ぜ、Aを加えて煮立たせる。

2 煮立ったらわかめを加えて火を止め、塩で味を調えて白いりごまを加える。盛り付けてラー油またはごま油を垂らす。

かぼちゃのハニーミルクスープ

かぼちゃ本来のおいしさを引き出します。

材料（2〜3人分）

かぼちゃ … 1/4個（ところどころ皮をむいて正味400g前後）
塩 … 小さじ1（ゆでこぼす用）
水 … 500cc（ゆでこぼす用）
牛乳 … 300cc
はちみつ … 大さじ1〜2

作り方

1 鍋に、ひと口大にカットしたかぼちゃ、水、塩を入れて火にかけ、煮立ったらフタをして弱火で10分ほどかぼちゃが柔らかくなるまで煮る。

2 鍋の湯を全て捨てて牛乳を加え、ブレンダーやミキサーでなめらかになるまでかき混ぜる。火にかけて温め、味をみながらはちみつを加える。

※ドロッとしすぎている場合は牛乳で濃度を調整する。お好みでパセリ（分量外）をふる。

小松菜の春雨中華スープ

給食風の食べやすい味。

材料 (2 〜 3 人分)

小松菜 … 1/2束
　（100g／2cm幅に切る）
にんじん … 1/4本
　（40g／細切り）
緑豆春雨 … 20g
卵 … 1個（溶きほぐす）
水 … 600cc

A ┌ 鶏ガラスープの素
　│　 … 小さじ2
　│ しょうゆ、みりん、
　└　 料理酒 … 各大さじ1

ごま油 … 小さじ1
塩、こしょう … 各少々〜

作り方

1　鍋に水とにんじんを入れて煮立たせ、小松菜とAを加えて煮る。

2　緑豆春雨を加えて2分ほど煮たら、煮立っているところに溶き卵を回し入れて、ふんわり浮き上がってきたらやさしく混ぜて火を止める。

3　ごま油を加え、塩、こしょうで味を調える。

豆腐鶏団子と白菜のレモン塩スープ

ふわふわ団子が食べやすい。

材料 (2 〜 3 人分)

鶏ひき肉（ももまたは
　むね）… 150g
絹ごし豆腐
　… 小1パック（150g）
白菜 … 200g（細切り）
にんじん … 1/4本
　（40g／細切り）

A ┌ 水 … 600cc
　│ 白だし … 50cc
　│ 料理酒、みりん
　└　 … 各大さじ1

B ┌ しょうが（すりおろし）
　│　 … 小さじ1
　│ 片栗粉 … 大さじ1と1/2
　│ 塩 … 小さじ1/3〜1/2
　└ こしょう … 少々

塩 … 少々〜
レモン汁 … 小さじ2
レモンの皮（または柚子の皮）
　… あれば少々（千切り）

作り方

1　鍋にAと白菜、にんじんを入れて煮立たせる。

2　ボウルに鶏ひき肉、豆腐、Bを入れて粘りが出るまでよく混ぜる。2本のスプーンで団子状にまとめて1に入れ、フタをして6分ほど煮る。

3　塩とレモン汁を加えて味を調え、盛り付ける。あればレモンまたは柚子の皮をのせる。

とろける野菜と大豆のスープ

野菜の甘さとおいしさが詰まっています。

材料（2〜3人分）

ブロッコリー … 1/2株（小房に分ける）
玉ねぎ … 1/2個（1cmの角切り）
スライスかぼちゃ … 6枚（100g／1cm角に切る）
大豆水煮 … 100g（水けを切る）
ハーフベーコン … 1パック（1cm幅に切る）
塩 … ひとつまみ
オリーブオイル … 大さじ3
料理酒 … 大さじ3

A ┌ 水 … 600cc
　├ コンソメ、しょうゆ
　└ 　… 各小さじ2
塩、こしょう … 各少々〜
粉チーズ … お好みで適量

作り方

1　鍋にオリーブオイルと玉ねぎ、ベーコンを入れ、塩ひとつまみをふって炒める。

2　玉ねぎが透き通ってきたらブロッコリーを加えて油がまわったら、料理酒を入れてフタをし、弱火で5分ほど蒸す。

3　かぼちゃと大豆、Aを加えて煮立たせ、フタをしてさらに弱火で5分煮る。塩、こしょうで味を調え、盛り付けてお好みで粉チーズをふる。

トマトとオクラのカレー風味スープ

食欲をそそる夏のおいしさ。

材料（2〜3人分）

トマト … 1個（角切り）
オクラ … 8本（輪切り）
玉ねぎ … 1/4個（ごく薄切り）

A ┌ 水 … 600cc
　├ コンソメ … 小さじ2
　└ 塩 … 小さじ1/2
オリーブオイル … 大さじ1
カレー粉 … 少々
塩、こしょう … 各少々〜

作り方

1　鍋にオリーブオイル、玉ねぎを入れて火にかけ、塩（分量外）をふって玉ねぎがしんなりするまで炒める。

2　トマトとカレー粉を入れてサッと炒め、Aを加えて煮立たせる。オクラを加え、2分ほど煮る。塩、こしょうで味を調える。

にんじんのポタージュ

牛乳なしでさっぱり。
冷製スープにも。

材料（3〜4人分）

にんじん … 2本（正味300g／
　縦半分に切って薄切りにする）
玉ねぎ … 1/2個（薄切りにする）
オリーブオイル … 大さじ1
塩 … ひとつまみ

A
　水 … 500cc
　コンソメ … 小さじ2
　クミンまたはカレー粉 … 少々

バター … 10g
塩、こしょう、パセリ
　… 各少々〜

作り方

1 鍋にオリーブオイル、玉ねぎ、にんじん、塩ひとつまみを入れて火にかけ、フタをして時々混ぜながら、玉ねぎが透き通るまで5〜6分蒸し炒めにする。

2 Aを加えて煮立たせ、フタをしてにんじんが柔らかくなるまで弱火で煮る。

3 ブレンダーやミキサーでなめらかになるまでかき混ぜる。火にかけて温め、バターを加えて塩、こしょうで味を調える。パセリをふる。

野菜たっぷりラーメン風みそ汁

野菜がわしわし食べられる
おかず風の一杯。

材料（3〜4人分）

豚ひき肉 … 100g
長ねぎ … 1/2本（青い部分を
　含めて斜め薄切り）
もやし … 1袋
にんじん … 1/4本
　（40g／千切り）
ニラ … 1/2束（3cm幅に切る）
コーン缶 … 1/2缶（汁けを切る）
ごま油 … 小さじ2

A
　しょうゆ、みりん
　… 各小さじ2
　にんにく（すりおろし）
　… 小さじ1/2
だし汁 … 700cc
みそ … 大さじ3〜
バター、ブラックペッパー
　… お好みで各適量

作り方

1 鍋にごま油と長ねぎを入れて炒める。しんなりしてきたら豚ひき肉とAを入れて炒め合わせる。

2 だし汁とにんじんを加え、煮立ったらもやしを入れてしんなりするまで煮る。

3 ニラとコーンを加えてサッと煮たらみそを溶き入れて盛り付ける。お好みでバターをのせ、ブラックペッパーをふる。

夏野菜のラタトゥイユ風スープ

夏野菜を味わいつくすお気に入りの味。

材料（2〜3人分）

トマト … 1個（1cmの角切り）
玉ねぎ … 1/2個（1cmの角切り）
パプリカ … 1/2個（1cmの角切り）
なす … 1〜2本（いちょう切り）
ズッキーニ … 1本（いちょう切り）
にんにく … 1片（みじん切り）
オリーブオイル … 大さじ3

料理酒 … 大さじ2
塩 … 小さじ2/3
A ┌ 水 … 500cc
  │ コンソメ … 小さじ1と1/2
  │ しょうゆ … 小さじ1
  │ こしょう … 少々
  └ オレガノ … あれば少々

作り方

1 鍋にオリーブオイル、玉ねぎ、にんにくを入れて、玉ねぎが透き通るまで炒めたらトマトを加え、形がなくなるまでじっくりと炒める。

2 その他の野菜を全て加えて塩をふり、油が回るまで炒める。料理酒を加えてフタをして、弱火で5分ほど蒸す。

3 Aを加えて煮立ったら再びフタをし、弱火で5分煮る。味をみて足りなければ、塩、こしょう（各分量外）で調える。

ほうれん草と豆腐のごま豆乳みそスープ

ラー油を加えてもおいしい。

材料（2〜3人分）

豚こま切れ肉またはバラ肉 … 100g（小さめのひと口大に切る）
ほうれん草 … 1束（3cm幅に切る）
絹ごし豆腐 … 小1パック（150g）
ごま油 … 小さじ2
A ┌ 水 … 300cc
  │ めんつゆ … 60cc
  └ 白すりごま … 大さじ2
みそ … 小さじ2
豆乳 … 300cc

作り方

1 鍋にごま油を引いて熱し、豚肉を炒める。肉の色が変わってきたらほうれん草を加えてサッと炒め合わせる。

2 Aを加えて煮立たせ、豆腐をスプーンなどですくい入れる。2分ほど煮たら豆乳を注ぎ入れてみそを溶かし、ひと煮立ちさせる。

ごま油香るなすとオクラの薬味みそ汁

なすをごま油で炒めるとコクが出ます。

材料 (2〜3人分)

なす … 1〜2本（いちょう切り）
オクラ … 7〜8本　（輪切り）
みょうが、大葉、小ねぎ、
　カイワレなどの薬味 … 各適量
ごま油 … 大さじ1
だし汁 … 600cc
みそ … 適量

作り方

1　鍋にごま油となすを入れ、油を絡めるように炒める。

2　なすが柔らかくなったらだし汁を加え、煮立ったら
　オクラを入れてサッと煮る。

3　みそを溶き入れ、盛り付けてみょうがをのせ、大葉
　をのせる。

たたき長いもの塩麹スープ

胃腸や肌にやさしい汁物。

材料 (2〜3人分)

長いも … 200g（皮をむいてポリ袋に入れ、
　コップの底などでたたく）
玉ねぎ … 1/2個（ごく薄切り）
ハーフベーコン … 4枚（6等分に切る）
オリーブオイル … 大さじ1
塩 … ひとつまみ
A ┌ 水 … 600cc
　├ 塩麹 … 大さじ1と1/2
　├ 料理酒 … 大さじ1
　└ こしょう … 少々
青のり … あれば少々

作り方

1　鍋にオリーブオイル、ベーコン、玉ねぎを入れて熱
　し、塩をふって玉ねぎがねっとり柔らかくなるまで
　炒める。

2　Aを加えて煮立たせ、長いもを入れてサッと煮る。
　盛り付けて青のりをふる。

さつまいもと白菜のミルクスープ

冬に食べたいほっこり味。

材料（2〜3人分）

白菜 … 400g（細切り）
さつまいも … 小1本
　（200g／いちょう切り）
しめじ … 100g（小房に分ける）
ハーフベーコン … 1パック
　（4枚／6等分に切る）

A
- 塩 … 小さじ1/2
- 料理酒 … 大さじ3
- オリーブオイル … 大さじ1

バター … 15g
小麦粉または米粉 … 大さじ1と1/2

B
- 水 … 200cc
- 牛乳 … 400cc
- コンソメ … 小さじ2

作り方

1 鍋に、白菜、ベーコンの順に重ね入れてAをふり、フタをして5分蒸す。

2 さつまいもとしめじを入れてサッと炒め、さらに4〜5分さつまいもに火が通るまでフタをして蒸す。

3 一度火を止めてバターを溶かし、小麦粉をふり入れて具材になじませる。Bを加え、煮立ったら2〜3分弱火で煮込み、塩、こしょう（各分量外）で味を調える。

鶏ワンタン風スープ

鶏だしで食べやすい。余ったワンタンの皮の活用も。

材料（2〜3人分）

鶏ひき肉（むねまたはもも）… 100g
ワンタン（またはしゅうまい）の皮
　… 10枚程度
小松菜 … 1/2束
　（100g／3cm幅に切る）
長ねぎ … 1/2本
　（青い部分を含めて粗みじん切り）

A
- しょうゆ、料理酒 … 各大さじ1
- みりん、オイスターソース … 各大さじ1/2
- しょうが（すりおろし）… 小さじ1

水 … 600cc
塩 … 小さじ1/4〜
こしょう … 少々

作り方

1 鍋に鶏ひき肉とAを加えて火にかけ、焦がさないように炒め煮にする。

2 肉の色が変わったら水を加えてしっかり煮立たせ、アクを取り除く。

3 小松菜と長ねぎを加え、煮えたらワンタンの皮を1枚ずつ入れてひと煮立ちさせる。塩、こしょうで味を調え、盛り付ける。

ビタミン＆食物繊維が摂れる 野菜ごはん

さりげなく栄養が摂れておいしい。にんじんライスとトマトライスは、洋食ごはんで大活躍。とうもろこしごはんとさつまいもごはんは夏と冬の定番ごはんとして役立ちます。

にんじんライス

ほんのり甘くて食べやすい。

材料（2〜3人分）

にんじん…小1本（120g／
　すりおろす。丸ごとでもOK）

米…2合

A ┌ 酒、みりん…各大さじ1
　└ 塩…小さじ1/2

作り方

1 米を研いで炊飯器の内釜に入れ、にんじんとAを入れて混ぜ2合の目盛りまで水を注ぎ炊飯する。

2 炊き上がったらよく混ぜて器に盛る。お好みで刻んだパセリ（分量外）をふる。

トマトライス

ジューシーな旨みごはん。

材料（2〜3人分）

トマト…大1個（230g／
　十字に切り込みを入れる）

米…2合

塩…小さじ1

オリーブオイル…大さじ1

ブラックペッパー…お好みで少々

作り方

1 研いだ米を炊飯器の内釜に入れて塩とオリーブオイルを加えて混ぜ、トマトを置いてから2合の目盛りまで水（分量外）を注ぎ、炊飯する。

2 炊き上がったらトマトをほぐし混ぜてよそい、お好みでブラックペッパーをふる。

とうもろこしごはん

フレッシュでも缶詰でもおいしく炊ける。

材料（2〜3人分）

とうもろこし … 1本（実を削ぐ）
米 … 2合
A［ 酒、みりん … 各大さじ1
　 塩 … 小さじ2/3

作り方

1　米を研いで炊飯器の内釜に入れ、Aを加えて2合の目盛りまで水（分量外）を注ぐ。

2　とうもろこしをのせて（芯も一緒に）炊飯して炊き上がったらよく混ぜる。

※コーン缶または冷凍コーンの場合は砂糖不使用のものを使用し正味120g前後加える。
※コーン缶の汁を水と合わせて使うとおいしさUP。

さつまいもごはん

甘みを引き立てる塩加減がポイント。

材料（2〜3人分）

さつまいも … 1本（200g／角切り）
米 … 2合
A［ 酒、みりん … 各大さじ1
　 塩 … 小さじ2/3
黒いりごま … あれば適量

作り方

1　研いだ米を炊飯器の内釜に入れ、Aを加えて2合の目盛りまで水（分量外）を注ぐ。

2　さつまいもをのせて炊飯し、よそって黒いりごまをふる。

COLUMN

子どもが喜ぶ
たまごトッピング

たまごをトッピングすると、見栄えもおいしさもアップ。味わい
をマイルドにする効果もあり、たんぱく質やビタミン、ミネラル
など栄養価も高いため子どものごはんにもぴったり。

温泉たまご

冷蔵で2〜3日保存可能。朝ごはんにも

材料（3〜4人分）

水…1ℓ
卵…3〜4個

作り方

1 小鍋にしっかり湯を沸かして火を
止めすぐに卵を入れ、フタをせず
に13〜15分置く（卵の大きさや季
節により加減）。

2 時間になったら冷水に取り、粗熱
が取れたら完成。

> 冷蔵庫から出したての卵で
> OK

トロたま

ピラフにかければ簡単オムライスに変身

材料（2〜3人分）

卵…3〜4個（溶きほぐす）
塩…ひとつまみ
オリーブオイル…大さじ1

作り方

1 フライパンに、オリーブオイルを
引いてしっかり熱し、塩を混ぜた
卵を入れる。

2 固まってきたら外側からくるくる
とかき混ぜ、底からふんわり固
まってきたら半熟状で取り出す。

> 手早くかき混ぜて、生の部分
> を鍋肌に触れさせるように

スープを添えた
おすすめの献立例

ベストマッチな組み合わせの献立をご紹介します。一品増やせそうな日はぜひ試してみて。他にも、あなたのお気に入りの組み合わせをぜひ見つけてみてください。

彩りが良く、野菜がたっぷり摂れる
洋風の献立

- にんじんライス → P108
- 刻みブロッコリーの
  バーベキューチーズ
  ハンバーグ → P87
- トマトとオクラのカレー
  風味スープ → P103

スープをたっぷり食べるセット。
トマトライスと一緒に食べると旨みが増す

- トマトライス → P108
- とろける野菜と大豆の
  スープ → P103

プレートに盛るだけで、
お店風のワンディッシュに

- とうもろこしごはん
  → P109
- ローストチキンとグリル
  野菜 → P60
- にんじんのポタージュ
  → P104

スープとごはんだけなのに、
ホッと満足できる秋冬の献立

- さつまいもごはん
  → P109
- ほうれん草と豆腐のごま
  豆乳みそスープ → P105

お魚を食べる日の和風献立。
スープの野菜は三つ葉でも

- 焼き塩サバの野菜あんか
  け → P90
- 水菜と豆腐のふわたま汁
  → P100

ガッツリ食べる韓国風献立。
ごま油の香りが食欲をそそる

- ほうれん草たっぷりプル
  コギ → P72
- 炒めねぎの香ばしわかめ
  スープ → P101

夏バテ防止や食欲増進に
夏野菜がたっぷりの献立

- 焼きとうもろこし
  しゅうまい → P89
- ごま油香るなすとオクラ
  の薬味みそ汁 → P106

コクのあるメインにあっさりスープが
相性抜群の中華風献立

- えびちくマヨネーズ
  → P84
- 鶏ワンタン風スープ
  → P107

STAFF

アートディレクション／吉村亮（Yoshi-des.）
デザイン／真柄花穂、石井志歩（Yoshi-des.）
手書き文字／竹永絵里
撮影／佐藤朗（フェリカスピコ）

スタイリング／小坂桂
調理補助／三好弥生
校正／麦秋アートセンター
企画・編集／鈴木聡子

橋本 彩

料理家。4歳男児と1歳女児の2児の母。ライフスタイル系WEBメディアにて料理家として勤務した後に独立。工程はシンプルに、味付けはおいしく、作る人も食べる人も満足できる家庭料理を提案し続けている。結婚当初、夫から「料理ができるぽんこつ」と評されたことをきっかけに、「ぽんこつ主婦」の名前でInstagramにてレシピ発信をはじめたところ、その作りやすさと目新しい料理が話題となる。現在フォロワー数は35万人超と大人気。2022年には、「フーディストアワード」のInstagram部門でグランプリを受賞。著書に『ぽんこつ主婦のこっそりラクして絶品ごはん』（KADOKAWA）、『ぽんこつ主婦のいつもの食材でパパっと"高見え"レシピ』（ダイヤモンド社）がある。

Instagramアカウント　@ponkotsu_0141
オフィシャルレシピサイト"週末ふうふじかん"　https://www.fu-fujikan.com/

一品入魂ごはん
いっぴんにゅうこん
ヘトヘトでも「これなら作れる！」

2023年6月21日　初版発行

著者　　　橋本 彩
はしもと あや

発行者　山下 直久
発行　　株式会社KADOKAWA
　　　　〒102-8177　東京都千代田区富士見2-13-3
　　　　電話 0570-002-301（ナビダイヤル）

印刷所　凸版印刷株式会社
製本所　凸版印刷株式会社

●お問い合わせ
https://www.kadokawa.co.jp/（「お問い合わせ」へお進みください）
※内容によっては、お答えできない場合があります。
※サポートは日本国内のみとさせていただきます。
※Japanese text only

定価はカバーに表示してあります。